Gedichte ● Verwandte Seelen

Herbert Schwarz

Herbert Schwarz

Verwandte Seelen

Gedichte

Bibliografische Information der Deutschen
Nationalbibliothek:
Die Deutsche Nationalbibliothek verzeichnet diese
Publikation in der Deutschen Nationalbibliografie;
detaillierte bibliografische Daten sind im Internet über
http://dnb.dnb.de abrufbar.
© 2022 Herbert Schwarz
Herstellung und Verlag: BoD – Books on Demand,
Norderstedt
ISBN: 978 3-7557-6765-7

Prolog

Ein Stück von dir

Deine Augen Diamanten
Reine Liebe dein Herz
Über alle Sorgen trösten
Deine Hände warm und sanft
Alles Unrecht alles Böse
Tilgt dein Lächeln aus

Ich wär überglücklich
Wenn die ganze Welt
Nur ein Stückchen
Von deiner Güte hätt'

Danksagung

Die Arbeit mehrerer Jahre, Die Reihe "Stunde der Besinnlichkeit", ist am Ziel angelangt - Konzepte, Träume, Entwürfe, Leseproben, Rezitationen, Korrekturen. Band I mit dem Titel "Verwandte Seelen" geht nun in Druck.
Eine (relative) Endfassung meiner Gedichte liegt vor, aber niemand kann wissen, was mich an interessanten Themen noch erwartet. Am Gelingen waren mir nahestehende Menschen beteiligt, und all ihnen schulde ich großen Dank. Meiner lieben Frau Annelie für ihr liebevolles Entgegenkommen, ihre unendliche Geduld und grenzenloses Verständnis. Meinen Kindern und weiteren Verwandten für geduldiges Zuhören und Lesen sowie für ihr überzeugendes "Mache weiter so". Kulturschaffenden meiner Heimatstadt für überaus wertvolle Hinweise. Dem Verlag "Books on Demand" danke ich herzlich für jegliches Entgegenkommen, die gute Ausstattung und Bemühungen bei der Fertigstellung der Auflage.
Allen Leserinnen und Lesern wünsche ich viel Spaß, Genuss und Entspannung.

Gedichte

Mensch und Herz

Abschied I

Du bautest Häuser
Worin Menschen warm und sicher leben
Du pflanztest Bäume
Damit uns ihr Grün erfreut
Du sorgtest für deine Lieben
Damit es ihnen gut ergehe
Du unterhieltest Freundschaft
Und es hat dich nie gereut

Hast des Lebens höchsten Berg erklommen
Weiter geht es nun nicht mehr
Kannst nicht vorwärts noch rückwärts kommen
Fliegst du auf Pegasus' Schwingen
Weithin durch alle Welten
Und die Engel singen
Dir den Choral der Seligkeit
Wir werden es nie erfahren
All die du liebtest
Werden dich im Herzen tragen

Gefühl ist Leben

Wie müht sich die heutige Welt
Gefühl als Schwäche zu verdammen
Für Umdenken ist es höchste Zeit
Besinnt euch in der Menschen Namen
Was glaubt ihr wohl was euch bliebe
Wenn's Menschen mit Gefühl nicht gäbe

Im Schussfeld steht die Menschlichkeit
Sie geht den *coolen* Reichen viel zu weit
Ihnen ist es wichtig viel Geld zu bunkern
Derweil die Ärmsten der Armen hungern

Meintest du das höchste Gefühl die Liebe
Sei nur einer der tierischen Triebe
Wer die Liebe verschmäht ganz prüde
Hat Küsse und Liebkosung nicht verdient

Die Trauer ist momentaner Alptraum nur
Ist ein Millionenerbe das was dich bewegt
Und Trauer zur Nebensächlichkeit gerät
Nein Trauer das sind Schmerzen pur!

Wer Uhren baut von allerbester Güte
Dazu braucht allergrößtes Feingefühl
Und ohne dieses sag ich im Vertrauen
Wirklich gar nichts könnt er bauen

Die Frau die soeben ein Kind geboren
Ohne Gefühl wär die Liebe schon verloren
Mit der Geburt entsteht der Familie Halt
Ansonsten wär das Leben eisig kalt

Noch tausend Dinge könnt ich nennen
Die kannst du vom Gefühl nicht trennen
Mit dem Herz aus Stein kann niemand leben
Allein Gefühl macht des Menschen Wesen

Und Herr Goethe machte uns schon klar
Frühling und Gefühl sind Geschwister gar
Und wer's bestreitet wohl aus Trotz
Ist am Ende nur ein armer Tropf

Kleiner Knabe

Ein Kinderfoto in meiner Hand
Schwarz-weiß und ist sehr alt
Ist geknickt an allen Ecken
Hat rückseitig Kaffeeflecken

Wem war es so wichtig gewesen
Dass es so lange in der Lade lag
Ein kleiner Junge ist da zu sehen
Mit freundlichem Gesicht das lacht

Pullover Hose scheinen abgetragen
Doch sehr sauber ohne Schaden
So war es in den Nachkriegsjahren
Alles was man brauchte Mangelware

Wohl genährt nicht abgemagert
Gesund und sportlich schaut er aus
Durch Wald und Feld gehen alle Tage
Seine Phantasie nimmt ihren Lauf

Besonnen schaut er der kleine Mann
Der bald zur Schule gehen kann
Offen und interessiert sein Blick
Eine Schlafmütze ist das nicht

Omas Opas und der Papa sie sind tot
Pein verschweigt das Foto und die Not
Schicksalschläge hat verwischt die Zeit
Alles was verloren und jegliches Leid

Trauma eines Lebens

Quirliger kleiner Knabe
Noch nicht zwei Jahre
Der Papa krank im Bett
Den er liebt
Innig küsst und herzt
Und gleichen Tags erleben
Wie jener leblos kalt
Gebettet wird im Sarg
Papa der geliebte
Nun nicht mehr da
Täglich schaut der Kleine
Im Keller Haus und Garten
Kann nirgends Papa finden
Niemals verwinden
Kann er den Verlust
Das Trauma wird begleiten
Ihn das ganze Leben
Schule macht ihm Freude
Lernen fällt ihm leicht
Keiner soll es merken
Was ihn im Innern schmerzt
Lehre schafft der spielend
Als Fachmann anerkannt
Bei Kollegen sehr beliebt
Das Trauma aber kommt wieder
Nimmt schleichend
Ihn in Beschlag
Die Dämonen zu besiegen
Trinkt er Alkohol jeden Tag
Hilfe akzeptiert er keine

Und niemals guten Rat
Chefs verlieren die Geduld
Der vordem ein Fachmann war
Nun ein gemiedener Clochard
Wer immer ihm begegnet
Vor allem Frauen und Mädchen
Wechselt die Straßenseite
Niemand will ihn kennen
Zwei Freunde die ihm bleiben
Alkohol und Zigaretten
Jeden Tag in großen Mengen
Mit TBC und Kehlkopfkrebs
Der Körper arg geschwächt
Findet er sich
Im letzten Krankenbett
Ein Trauma findet hier
Sein Ende

Ich mag es bunt

Schwarz und weiß mag ich nicht
Viel weniger noch grau in grau
Meine Freunde alle wissen
Dass ich auf viel Farbe bau

Die ganze weite Welt ist bunt
Was so manchem nicht gefällt
Sehr bunt ist auch meine Welt
Nur Vielfalt bei mir zählt

Die Vielfalt meiner Welt
Würde ich euch gerne zeigen
　So wie mein Blumengarten
　　Ein Feuerwerk der Farben;
　Aus vielen Ländern meine Freunde
　　Die sich nah sind und lieben;
　Musik höre ich Klassik und Barock
　　Romantik Folk und Hip Hopp;
　Regale voll mit Büchern mit allem
　　Was ich Tag und Nacht gern mag

Darum soll meine Dichtung
So bunt sein wie die Welt
Mit brillantesten Facetten
　Über Kinder Liebe Zorn
　Besinnlichkeit Märchen
　Natur Kunst Menschlichkeit
　Und was die Seele je berührt
Berichten

Schicksal

Schicksal gehört zum Leben
Ein lieber Mensch ist tot
Oder Verlust von Hab und Gut
Schicksal kommt und geht
Ich frag mich was bleibt
Was kann ich erwarten
Selbst und für die Lieben
Bleibt trotz eigenen Leides Kraft
Hilflosen Mitmenschen beizustehen
Tränen anderer zu trocknen
Trost zu spenden nicht alleine lassen
Von ganz Wenigem noch abzugeben
Menschlichkeit ist keine Handelsware
Gibst du mir dann geb ich dir
Darfs in der Not nicht geben
Tugend ist mir eigen - oder geht mir ab

Einsamkeit

Ich suche sie
        Und meide sie
Sie tut mir gut
        Und bringt mich um
Wer sie nicht kennt
        Kann es nicht wissen
Wer sie kennt
        Spricht ungern drüber
Kranke sind meist einsam
        Arme um so mehr
Die Ärmsten sind
        Die Einsamsten
Heiliger du suchst Gott
        In der Einsamkeit
So gehe hin
        Zu den Einsamsten
Rede schau tief in ihre Augen
        Schenke Vertrauen
Und bekommst du Vertrauen
        Und findest Menschlichkeit

Zu spät

Vergiss nie Dank zu sagen
für das Gute das dir geschah
Säume nie und tu es gleich
Zu schnell vergeht die Zeit

Den Eltern die tagaus tagein
     Für dich mühten und sorgten
Den Verwandten Onkel und Tanten und
     Paten die dich oft beschenkten
Den Lehrern die mit Liebe und Strenge
     Dir die Welt verstehen halfen
Dem Arzt der mit seiner Kunst
     Dein Leben rettete
Den Schwestern die dich als Kranken
     Sorgsam betteten
Den Freunden die mit Rat und Kritik
     Dir wahre Freunde waren
Und allen anderen die dir
     Jemals Gutes taten

Die Jahre vergehen
Wie die Winde jagen
Da es dich drängt
Den Liebsten Dank zu sagen
Unendlich wär der Schmerz
Und es bräche dein Herz
Müsstest du gestehen
Alle sind sie tot
Du kommst zu spät

Heldin

Trauerfall in unserer Zeit
Schwangere Frau am Grab
Hält fünf Kinder bei der Hand
Das sechste Kind vier Wochen später
Leben geht weiter - Trauer alltäglich
Einkommen reicht bei strikter Sparsamkeit
Mutigen Beschluss hat die Frau gefasst
Bleibt ledig stemmt Lasten aus eigner Kraft
Heime Pflegefamilie nicht in Betracht
Ältere Kinder sind große Stütze
Schule Ausbildung Studium
Kinder kommen gut voran
Stolz ist Mama und darf es sein
Lebensziel erfüllt und alle Kraft verbraucht
Schließt ihre Augen - total erschöpft
Im Antlitz Glück und Liebe als letztes Kind
Abschlusszeugnis in Händen hält
Keinen Orden kein öffentliches Lob
In ihrer Kinder Gedanken
Der Freunde und Verwandten
- Da lebt sie fort

Fluchtträume

Eine furchtbare Nacht musst ich erleben
Albträume voller Todesangst und Schrecken
Schweißgebadet mit Fieber und Herzensbeben
Meine Liebste mühte sich mich zu wecken

Was für mich nur Traum war zum großen Glück
Für viele Menschen unglaubliche Wirklichkeit
Zum Gedenken und Ehren Träume kehrt zurück
Und bezeugt was heißen Flucht und Grausamkeit

Vor vielen hundert Jahren in biblischer Zeit
Ich durchwanderte die Wüste im Zweistromland
Als Tigris und Euphrat über die Ufer traten
Und die Sintflut das ganze Land verschlang
Die Arche Noah verpasst - verloren Hab und Gut
Vor mir endlose Wüste hinten verfolgte mich Flut

Als Hugenotte von Calvin und Luther inspiriert
Betete und kämpfte ich die Kirche zu reformieren
Theologen *auch mich* ließ man gefangen nehmen
Und auf Befehl des Königs in Ketten legen
Verurteilt zum Tode im letzten Bild des Traumes
Band mich der Henker auf den Scheiterhaufen

Im 30-jährigen Krieg der blutigsten Schlacht
Als Einsiedler zu leben zog ich in den Wald
Alle meine Lieben Verwandten nicht mehr am Leben
Mehrfach musst ich fliehen die Hütte abgebrannt
Mal vor den Kaiserlichen mal vor den Schweden
Bis ich gegen brutale Marodeure mein Ende fand

1848 Berlin die Märzgefallenen waren bestattet
Als der Kronprinz scheinheilig Reformen versprach
Mit anderen Parlamentariern in Rastatt verhaftet
Viele wurden füsiliert die anderen eingekerkert
Befreit aus Spandaus Kerkerhaft die Büttel im Nacken
Im Galopp zum Schiff das mich nach England brachte

Lieder über Leibeigenschaft hab ich gedichtet
Über unmenschliche Fron ganz schlimme Geschichten
Väterchen Zar ließ mich verbannen weit in den Osten
Nach Sibirien zwischen Hitze und strengen Frösten
Im Bergwerk schuften wenig Essen niemals Sonne
Ich floh wie besungen übern Baikal auf einer Tonne

Aus dem KZ geflüchtet schlug ich mich
Hungernd und entkräftet durch bis Paris
Internierungslager erwartete mich auch hier
Floh vor der Wehrmacht eilends nach La Rochelle
Kämpfer der Résistance die Überfahrt bezahlten
Mit Fischkutter sehr riskant nach Panama

Schluchten der Stadt Zwischen den Fronten
Hier Regierungstruppen da vom IS die Mörder
Raketen schlugen ein Flugzeuge warfen Bomben
Mir blieb nur noch die Flucht zum Meer
Angekommen nahmen Schlepper mir alles Bare
Für die Todestour auf einem kaputten Kahn
Dürstend ausgehungert kam ich in Europa an
Da bin ich heute noch im überfüllten Lager

Geschichte der Menschen war zu jeder Zeit
Geschichte von Kriegen und der Grausamkeit
Manche sagen dass Flüchtende Schmarotzer seien
Bösartige Schwätzer die solches verbreiten
Ich möchte das sehen wie diese rennen
Wenn Bomben fallen ringsum Häuser brennen
Wenn hinter jeder Ecke IS - Kämpfer stehen
Und die schwarzen Fahnen des Todes wehen
Und später dann beraubt der letzten Habe
Auf unsicherem Boot dem Tod ins Auge sehen

Tippelbruder

Ich bin nur ein Tippelbruder
Ärmer als eine Kirchenmaus
Sehr geachtet war ich früher
Heute interessiert es keine Sau

Jeden Abend geh ich auf Suche
Um mich zur Nacht zu betten
Selten in einer Wärmestube
Zumeist in stinkenden Ecken

Abgerissen ist meine Kleidung
Hunger mein ständiger Begleiter
Und das bleibt in alle Zukunft
Meine Perspektive - leider

Im Theater und im Opernhaus
War ich früher wie daheim
Tret ich vorn zu Tür hinein
Flieg ich hinten wieder raus

Meine Gesundheit ist perdu
Der Schmerz ist eine Plage
Schnaps betäubt ihn alle Tage
Den trink schon in der Früh

Oft verprügeln mich *die Helden*
Ich fürchte sie schlagen mich tot
Hilfe kommt nur sehr selten
Bringt Rettung in aller letzter Not

Statt Arbeit und warme Wohnung
Nur Verachtung und Almosen
Ist alles was ich erwarten kann
Völlig rechtlos nicht von Stand

Wiedersehen

Familienbande
Wo seid ihr geblieben
Fast täglich begegnet
Freundlich der Gruß
Hilfe wenn sie nötig
Selbstverständlich ohne Frage
Ausgelassen feiern
Cousine Cousin kamen herbei
Süße Cousine zweiten Grades
Mir nicht einerlei
Omas Opas Onkel Tanten
Und weitere die wir kannten
Sie längst verblichen
Gräber alle eingeebnet
Wenn jemand stirbt
Kann man sich begegnen
Jetzt ist höchste Zeit
Verwandte nah und fern
Dass wir uns finden
Hab euch noch immer gern

Verwandte Seelen

Nicht gesucht und doch gefunden
Nahe sein in Gedanken und Gefühlen
  Mit geschlossenem Mund
  Mit geschlossenen Augen
  Mit geschlossenen Ohren
  Nicht gefragt und nicht gefordert
Den anderen verstehen
Wünsche und Träume teilen
  Und wenn es brennt zueinander eilen
Nicht allein sein Äußeres
  Nein auch sein Inneres offenbaren

Leidenschaft II

Saat von Dämonen
Heiße Glut
Unaufhaltsam
Tropft in Dein Gemüt
Steigert Hitze jeder Tropfen
Wächst die Frucht
In dir heran
Die pure Leidenschaft
Heißt dich wanken
Liebe oder Hass

Kränkungen

Macht Kränkung krank
Manchmal Ja
Dann doch eher diese Frage
Wie viel Kränkung kann ein Mensch ertragen
  Liebe verschmähen
  Hilfe verweigern
  Beleidigen
  Verleumden
  Herabwürdigen
  Mimisch verachten
  Einladung ausschlagen
  Gruß verweigern
  Rücksichtslosigkeit
  Bittende übersehen
  Belohnung drücken
Sprich wenn dir Kränkung widerfährt
Sprich freundlich doch bestimmt
Und vergib

Warten auf Gerti

Täglich steht der kleine Jan
Hoch auf der Klippe am Meer
Und wartet auf Gerti
Die mag er sehr
Sie herzen sich und scherzen
Werfen Steinchen in das Meer
Kränze flechten sie und sammeln
Die schönsten Kräuter und Blumen
Lange schauen sie übers Wasser
Das blaue das grüne
Mit Neptuns weißer Krone
Und träumen von der Ferne

Täglich stehen Jan und Gerti
Die Eheleute hoch auf der Klippe
Schauen nachdenklich übers Meer
Und freuen sich ihrer Familie
Fahren gemeinsam gern hinaus
Auch Kinder lieben Gestade und Meer
Eltern bleiben bald allein
Kommen oft zur Klippe
Schauen nach den Kindern aus

Täglich steht Jan auf der Klippe
Traurig und niedergeschlagen
Wartet und starrt in die Ferne
Steinchen werfen mag er nicht
Tausend Fragen quälen ihn
Antwort bekommt er keine
Über das Ende denkt er nach
Das grausame unerbittliche
Gerti wird nie wieder kommen

Herbst I

Viele Menschen die ich liebte
Schieden zeitig aus dem Leben
Freiwillig gingen alle nicht
Zu bleiben war keinem gegeben
Eltern Geschwister sind gegangen
Wo auch sind all die Ahnen

Liegeschmerz am frühen Morgen
Augen langsam schwächer werden
Hohe Töne unentbehrlich
In der Natur und der Musik
Bleiben heimlich mir verborgen
Was mit den Schönen mich verbunden
Ging beizeiten vor die Hunde ...
Nein es geht nicht himmelwärts
Nein es ist des Lebens Herbst

Nun bin ich alt
Und fühl mich gut
Hab mich gut gehalten
Denn das gehört sich so
Halt mich mobil so gut es geht
Auch der Geist wird viel bewegt
Meine Lieben in der Ferne
Sind dennoch mir sehr nah
Täglich treffen Nachbarn Freunde
Jeder neue Tag ist ein Genuss
Glück wie von der Welt ein Kuss

Besinnung I

Gräme dich nicht
Ist das Leben auch nicht leicht
Schlaraffenland gibt es nicht
Wäre auch kein Platz für dich

Ein Alltag voller Lasten
Schon morgens Stress erleben
Von Termin zu Termin hasten
Auf alles jeden Rücksicht nehmen

Pflichten werden täglich mehr
Überblick behalten ist schwer
Dem du Rechenschaft sollst geben
Er gönnt sich ein schönes Leben

Deine Gesundheit ist angeschlagen
Nachts wach sein bis zum Morgen
Hoher Blutdruck macht dir Sorgen
Dauerstress schlägt auf den Magen

Nimm dir endlich Zeit für Dich
Wenn Gesundheit dir wichtig ist
Nicht irgendwann - nein jeden Tag
Ist Zeit für Besinnung angesagt

Tägliche Arbeit braucht Struktur
So will es die menschliche Natur
Öfters Pause einfach innehalten
Arbeitszeit sinnvoll gestalten

Mach deinem Chef endlich klar
Fürsorge ist seine Pflicht
Alle Mitarbeiter zu achten
Und das Geschäft läuft richtig

Besinnung II

Jeden Tag die zehn Maß Bier
Dazu noch Doppelte gleiche Zahl
Und Zigaretten der Schachteln vier
Gelegentlich auch Hasch und Gras

Eine ganze Weile geht das gut
Ja ein richtiger Mann hält was aus
Doch eines Tages spuckt er Blut
Mit der Gesundheit ist es aus

Die Leber leider ist verfettet
Die Lunge schwarz von Teer
Verspricht flehend sich zu bessern
Da liegt er schon im Sterbebette

Für Besinnung war es viel zu spät

Rat aus Franken

Eine Bäuerin in Franken
Spricht mich freundlich an
Nachbarschaft soll es geben
In Thüringen wo du lebst

Ich zeig ihr eine Anstecknadel
Zwei Hände eine goldene Rose
Die einen guten Nachbarn adelt
Noch immer bin ich darauf stolz

Nicht großes Preisgeld kein
Großer Bahnhof mit Honoratioren
Meine Nachbarn luden mich ein
Sagten lieben Dank als Lohn

Es gibt noch die Nachbarschaft
Die man von früher kennt
Die gegenseitige Hilfe heißt
Glücklich und zufrieden macht

Wo Nachbarschaft gedeiht
Ist auch Fröhlichkeit nicht weit
Ob Erntedank oder Frühlingsfest
Die Kirmes oder Sängertreffen

So empfahl die Bäuerin aus Franken
Lasst es Euch nicht nehmen
Gute Nachbarschaft zu pflegen
Ich denk an sie und sag Danke

Halteleine

Einem Dompfaff gleich
Der mit Leim gefangen ist
Sitze ich auf meinem Zweige fest
Fixiert
Hab das Höherfliegen oft probiert
Eine Halteleine dünn doch stark
Bringt mich auf den Zweig zurück
Und ich kann niemals fallen
Weil immer eine rettende Hand
Nach mir greift und bringt zurück
Bei der Geburt hatt ich keine Lust
Zu leben in der bitteren Not
Die fest gezurrt der Nachkriegszeit
Lief blau an und schrie Tschüss
Mir blieb nichts übrig

Als mit Verwandten die bittren Jahre
Geduldig durchzustehen
Welche Kraft soll das sein
Die mich stur auf Linie hält
Und bewahrt das Gleichgewicht
Ein Gott - den hab ich nicht
Eine Partei - so mag ich's nicht
Ich suche nicht lange
Kann in mir die Lösung sehen

Mit Lebensmut und Beharrlichkeit
Bescheiden meinen Weg zu gehen

Wieder Kind sein

Ich möchte wieder Kind sein
So wie ich war und ganz klein
Vor Neugier fast zerspringen
Im Spiel viel Zeit verbringen

Ich würde gerne alle sehen
Mit welchen täglich ich gespielt
Durch Wiesen spazieren gehen
Wo man die Natur noch fühlt

Durch Kindergarten Schule gehen
Und allen in die Augen schauen
Die halfen die Welt verstehen
Und die eigene Zukunft bauen

Ich möchte um Verzeihung bitten
Welchen ich einst weh getan
Der ich selbst viel gelitten
Suche nun um Nachsicht an

Wiedersehen im schönem Garten
Mit Geschwistern und mit Eltern
Die alle zeitig mussten sterben
Und uns bei den Händen halten

Sich zu fühlen wie ein Kind
Fröhlich manchmal albern
Vergessen Schmerz und Altern
Dass ich endlich Frieden find

Lorbass

Durch die Gasse sehe ich einen gehen
Ich frag ihn nach seines Lebens Sinn
Dass ich ein schlechtes Beispiel bin
Dreht sich weg und lässt mich stehen

Junger Mann allseits als Lorbass bekannt
Er hat wirklich einen schlechten Ruf
Der Dorftratsch gab ihm diesen Namen
Alle meinen er ist ein Tunichtgut

Doch manchmal frag ich mich warum
Ich weiß der Junge ist nicht dumm
Ist aktiv bei Feuerwehr und Fußball
Wenn Not am Mann ist hilft er überall

Vergangenen März ein Fön kommt auf
Als Eis auf den Teichen taut
Lorbass ist jener der sich traut
Zieht der größten Tratsche Sohn heraus

Ich hoffte Lorbass wär rehabilitiert
Sein Ruf für alle Zeiten ruiniert

Die Toten von Golgatha

Ist von Kreuzigung die Rede
Denken Menschen nur an einen
Jesus Christus kennt jeder
Den Christen sehr beweinen

Was manche daran sehr bewegt
Dass es sehr sehr viele waren
Kreuze standen an allen Wegen
Keiner kennt der Toten Namen

Chronisten schrieben in Annalen
Von Tausenden mit Höllenqualen
Und dass es im gelobten Land
Dieser halb entsetzlich stank

In aller Welt ihr guten Leute
Ein Flehen in der Gequälten Namen
Mit allen Menschen habt Erbarmen
Setzt ein Ende endlosem Leiden

Die vielen Toten hätten es erbeten
Dass alle Menschen glücklich sind
Und jedermann nach erfülltem Leben
Sein ganz natürliches Ende find

Was soll ich machen

Ich muss zu Hause bleiben
Leider nicht freiwillig
Muss meine Zeit vertreiben
Weil der Virus das so will

Vielen fällt das schwer
Was ich gut verstehe
Einsamkeit tut weh
Beschäftigung muss her

Vieles kann man tun
(Außer auszuruhn)
      Bücher lesen
      Brennholz sägen
      Aufräumen
      Boden Garage Keller
      Kuchen backen
      Waldlauf machen
      Süßholz raspeln
      Mit Kindern basteln
      Rommé spielen
      Geschirr abspülen
Und viele andere Sachen

Ein Dichter kann gut lachen
Dem Verlag viel Arbeit machen
Hat viel Zeit zum Schreiben
Kann gern zu Hause bleiben

Zürne nicht

Zürne nicht wenn jemand
Ohne Absicht Dich verstimmt
Dir deine Sicht wegnimmt
Versehentlich dich rempelt
Oder auf die Füße trampelt
Am Imbiss dich mit Senf beschmiert
Auf deinen Mantel tropft mit Bier
Eine Tür nicht offen hält
Oder sonst wie deinen Tag vergällt
Das und mehr kann man friedlich regeln
Sollst dich nicht benehmen wie ein Flegel

Höflich und bestimmt sag deine Meinung
Auch wenn andere wollen streiten
Oftmals ist es gut wenn du lenkst ein
Es könnte vielleicht dein Fehler sein

Bedenke dass wir alle Menschen sind
Und als solche manche Fehler haben
Dürfen nicht gleich um uns schlagen
Du bist erwachsen und kein Kind

Dämonen der Vergangenheit

Mir scheint dich plagen große Sorgen
Kann es sein dass dich etwas bedrückt
Verschiebe das Problem nicht auf morgen
Entschließe dich es heute noch zu lösen

Ich fürchte es liegt in der Vergangenheit
Bis heute trägst du eine schwere Last
Was war dass du darüber niemals sprachst
Habe Mut zum reden es ist höchste Zeit

Hast eine Frau verschmäht und dann bereut
Jemandem weh getan - dem besten Freund
Wen im Stich gelassen der auf dich gebaut
Oder vielleicht des Nachbarn Geiß geklaut

Dämonen sind eisern sie vergessen nicht
Fass dir ein Herz - gehe hin und sprich
Bekenne deine Fehler gib sie ehrlich zu
Erbitte Vergebung und Dämonen geben Ruh

Herzblut

Arbeit macht das Leben süß
So lautet ein alter Spruch
Vielmals inniges Bedürfnis
Tätig sein im Herzen Glut
    Liebevoll Senioren pflegen
    Neugeborene zärtlich heben
    Behutsam Sterbende begleiten
    Infizierte Menschen heilen
    Trost und Hilfe Hinterbliebenen
    Hungernde zum Essen bitten
    Unfallopfer schnellstens retten
    Obdachlose fürsorglich betten
    Verzweifelten gute Stütze sein
    Waisen geben ein neues Heim
    Feuersbrünste Gefahren bannen
    Sicherheit geben unserem Lande
Die das alles für uns machen
Viel mehr müssen wir sie achten
Endlich gerechte Löhne zahlen
Gutes Arbeitsumfeld gestalten
Vieltausendfach sind sie bewährt
Was sie tun ist aller Ehren wert
Wo andere finden sich zu fein
Mit Herzblut setzen sie sich ein

Gealtert - nicht senil

Sie sind nicht zu übersehen
Falten an Haupt Hals Händen
Und vereinzelt Altersflecken
Sind keinesfalls ein Schrecken

Mit Kindern und Enkeln reden
Unmengen neuer Bücher lesen
Gibt mir Kraft und hält jung
Ich lasse keinen Zweifel zu

Die Jugend hat keine Ahnung
Wie Reife das Leben wandelt
Und ignoriert jede Mahnung
Die vom Thema Altern handelt

Gewiss fällt Bewegung schwer
Jeder Tag beginnt mit Schmerz
Gymnastik hilft Gelenk und Herz
Stellt Wohlbefinden wieder her

Reife Menschen leben bedacht
Geben beständig auf sich acht
Meiden Hektik schwere Arbeit
Vernunft verlängert Lebenszeit

Zwischen Angst und Übermut
Stürmt Jugend der Zukunft zu
Zur Erfahrung werden Fehler
Nützlich in der Reife *später*

Ich bin gealtert - nicht senil
Ohne Ziele - lebe meinen Stil
Habe noch Lust zum Schreiben
Verse die der Nachwelt bleiben

Abschied II

Ohne Krankheit oder Warnung
In aller Stille unverhofft
Bist du von uns gegangen
und für immer von uns fort

Schnell und ohne langes Leiden
Sorgsam begleitet von den Deinen
Hat sich vollendet dein Leben
Dein stetes unermüdliches Streben

Mit Beständigkeit Fleiß und Kraft
Das Unmögliche hast du geschafft
Deine Besonnenheit und dein Verstand
Wurden bewundert in Stadt und Land

Vieles hast du durchgemacht
Nicht nur Freunde hattest du
Neider waren dir gar nicht gut
Und hast gemeistert jede Schmach

Deine besten Freunde tragen dann
Dich zum aller Menschen letzten Ort
Wir verneigen uns und sagen Dank
Und gehen trauernd wieder fort

Mirakel

Zauberhaftes Mirakel
    Sinnloses Spektakel
All die großen Wunder
    Geistloser Plunder

Es gibt Wunder - ohne Scherze
Nicht da draußen in der Welt
Wir tragen in Kopf und Herzen
Was Menschen zusammen hält
    Erstes Liebesglück erleben
    Der Kranke der genesen
    Ein neugeborenes Kind
    Verschollene wiederfinden
    Im Garten Vögel singen
    Benachteiligte Arbeit finden
    Verlorene Liebe neu gewinnen
    Ein Sportler den Sieg errungen
    Und wer den Berg bezwungen
    Mein neuestes Werk gelungen
    Jährlich Frühling neu erblüht
    Freunde sich um dich mühen

So will Glück ich nennen
Jedes einem Wunder gleich
Zum Guten Schicksal wendet
Das macht unser Leben reich

Muss es endlich sagen

Grübelnd sitz ich auf der Bank
Weiß mir einfach keinen Rat
Mein Kopf scheint völlig blank
Schlüssiger Gedanken bar

Seit heute ist mir vieles klar
Kann die innren Zeichen deuten
Euch den Liebsten will ich sagen
(endlich) was ihr mir bedeutet

Belastend meine Eigenbrötelei
Die ich euch lange zugemutet
Zu Änderung allerhöchste Zeit
Handle weil das Herz mir blutet

Jederzeit wart ihr für mich da
Standet aufopfernd mir zur Seite
Bewahrtet mich vorm Scheitern
Als ich der Verzweiflung nah

Stetig wandeln sich die Zeiten
Vorbei um das Sein der Kampf
Gewachsen unsere Gemeinschaft
Sie soll nicht mehr zerreißen

Auf Einigkeit seid bedacht
Liebt euch seid hilfsbereit
Wenn irgendwen befällt ein Leid
Vereintes Tun gibt Kraft

Delia

Philippina schwarzes Haar
Junge Frau betörend
Geh hinaus zur Terrasse
Will nicht ihre Arbeit stören
Regelmäßig kommt sie putzen
Die Villa in Dubai
Wäsche waschen
Betten machen
Böden Treppen wischen
Alles macht sie akkurat
Ich hab Ruh und Zeit
Zu schreiben und zu lesen
Stets ist sie bereit
Neuen Kaffee mir zu geben
Englisch kann sie gut
Sprache lernt sie schnell
Deutsch kommt nun hinzu
Jedes Mal ein wenig mehr
Tagesgrüße Freundlichkeit
Kultur interessiert sie sehr
Alles auf hohe Bildung weist

Uncas

Leben ist ein Abzählreim
Vom Schicksal streng gelenkt
Gevatter holt die Lieben heim
Viel schneller als man denkt

Vater ist schon lange tot
Und ich ein kleines Kind
So ist vieler Kinder Los
Die hernach Waise sind

Mutter folgt später nach
Die meint sie wäre stark
Und keiner unter kriegt
Der Krebs hat sie besiegt

Zwei Brüder werden krank
Sind beide noch zu jung
Und sterben unter Qualen
Ich frage mich warum

Schlohweiß die Schwester
Siecht ein Jahr dahin
Freunde Kinder Enkel
Tragen sie zum Grabe hin

Einzig ich bin noch da
Fühle mich unsterblich
Uncas nennt man mich
Der letzte Mohikaner

Abschied III

Vor dem Abschied stehen Sorgen
Und große Mühen Tag und Nacht
Ist alles Nötige bedacht
Kommt der Tod schon Morgen

Ich fürchte meine Kräfte schwinden
Wann kommt endlich Hilfe her
Nein ich muss mich überwinden
Wenns auch an den Kräften zehrt

Sollt ichs wie der Goethe halten
Tod und Trauer aus dem Wege gehen
Nein ich lass Fürsorge walten
Bis zum Ende nach dir sehen

Ein allerletzter Atemzug und Stille
Ich erfülle einen letzten Willen
Deine Augen schließen Hände falten
Nieder setzen und lange innehalten

Dank dir für lebenslange Mühen
Für alle alle deine Lieben
Bist uns immer treu geblieben
Brachtest Leben zum Erblühen

Werden nach deinem Vorbild leben
Bei allem Tun unser Bestes geben
Fröhlich sein das Leben lieben
Geduldig uns dem Schicksal fügen

Bist von uns gegangen
Mit deinem Ruhverlangen
Und wirst nie wieder kehren

Abschied IV

Blut kann nicht mehr fließen
In mir liegt still mein Herz
Will die Ruhe jetzt genießen
Mein Angesicht weist himmelwärts

Miene Augen sind am Brechen
Der Atem steht ganz still
Kann nicht denken nicht sprechen
Ihr wisst was ich noch will

Sollt in meine Spuren treten
Die mit Erfahrung angefüllt
Doch müsst im eignen Stile leben
Weil alles sich entwickeln wird

Mein Leben war stets bereit
Für Arbeit viel und schwer
Und machte manchmal Fehler
Ich weiß dass ihr besser seid

Mittelpunkt

Der Mensch steht im Mittelpunkt
Und daher meist im Weg
Mancher dieses Sprüchlein unkt
Der es nicht versteht
Zu viele Menschen glauben
Der Mittelpunkt der Welt zu sein
Und reiben sich verstört die Augen
Diesen Platz nehmen andere ein
Mittelpunkt gibts nicht nur einen
Es kommt auf den Bezugsraum an
Der Tränen viele sind zu weinen
Wenn jemand nicht glänzen kann
   Der Klassenkasper auf den keiner hört
   Der Troubadour der Frauen nicht betört
   Der Gondolieri mit der Piepsestimme
   Der Jäger der daneben schießt
   Der Tänzer der nur Körbe kriegt
   Der Mime den man ausgebuht
   Der Rennfahrer der sich überschlug
   Die Zuckerpuppe
   Die dem Jüngling schnuppe
   Der Vogel mit dem Kuckucksei
So was ist selten einerlei
Ist wirklich nötig solcher Glanz

Im Mittelpunkt zu stehen jederzeit
Dem Ruhme hinzugeben voll und ganz
Sich der Versuchung zu verschreiben
Wende kritisch deinen Blick
Auf dein Leben weit zurück
Warst mit Wenigem zufrieden
Konntest Einfaches lieben
Da findest du dein Glück

Wenn es Brei regnet

Regnet es irgendwann mal Brei
Fehlt zum Essen der Löffel mir
Das ist mir gar nicht einerlei
Armut ist wahrlich keine Zier

So mancher Dödel der gesegnet
Mit Bankkonten proppe voll
Immer auf großem Fuße lebend
Und gebärdet sich wie toll

Mich sehend rümpft er die Nase
Der gar nichts kann und weiß
Verachtung seine Körpersprache
Und das macht mich nicht heiß

Ich lebe mit meinem Verdienst
Plane rechne damit es reicht
Das einzige was ich wünschte
Wäre deutlich mehr Gerechtigkeit

Zwiegespräch mit dem Mond

Warum bist du - lieber Mond - so stille
      Nicht zu stören der Kinder sanften Schlaf
Warum hast du manchmal diese große Fülle
      Weil Pfannkuchen ich zu viele aß
Liebenden schenkst du zärtliche Gefühle
      Damit sie diese weit vererben
Dein Licht ist so wohltuend warm
      Damit Menschen Erleuchtung finden
Du kennst die schönsten Geschichten
      Lieber Freund höre meine Bitte
      Der du für Menschen schreibst
      Die Liebe stelle in die Mitte
      Dass Menschheit menschlich bleibt
      Dazu meine bescheidene Offenbarung
      Dir immer Freund zu sein
      Und schließe guten Rat mit ein
      So vernehme bitte meine Mahnung
      Wahrheit sagen sei dir immer eigen
      Und wer sie nicht kennt der schweige

Traum vom Leben

He du Träumer scheinst voller Gram
Ganz verstört schaun deine Augen
Welcher Grobian tat dir Unrecht an
Und verdarb so gründlich deine Laune

Ich alleine hab es angerichtet
Denn ich kann mich nicht entscheiden
Wie soll Irrwege ich vermeiden
Wohin soll ich meine Schritte richten

Ich möchte gern sinnvoll leben
Den Meinen einfach alles geben
Für Natur Umwelt nützlich sein
Für bedürftige Menschen setzen ein

Ich möchte gern Gedichte schreiben
Im Chor mit anderen gemeinsam singen
An der Welt schönsten Orten weilen
Und allen Menschen Freude bringen

Von oben bis unten mustere ich den Mann
      und sag bestimmt
Fang doch auf der Stelle damit an

Vergänglich

Zwei junge Leute
Die ganz große Liebe
In der Taiga bauten ein Haus
Das ward wunderschön
Verziert rundum
Wie in Sibirien üblich
Und eh zehn Jahr vergangen warn
Vier Kinder gesund und niedlich
Da kam Order von dem Zar
Die Vater ruft zu Krieg
Fanfaren und Trommel dum dum
zurück kommt er invalid
Überdies schwach und krank
Bald liegt er im Grab
Mutter folgt ihm bald
Kinder gingen auf den Marsch
Wollten Verwandte suchen
Litten unter Durst und Hunger
Bis der Tod sie überraschte
Nichts war geblieben
Mit dem Glück wars aus
Alle hingeschieden
Familie und das Haus

Ein Jäger kam vorbei
Der nicht an Menschen dachte
Die Ruine tat ihm leid
Niemand schrieb das Schicksal auf
Nur ein Dichter war bereit

Illumination des Geistes

Entsetzlich was auf Straßen
heutzutage geschieht
Wo über alle bekannte Maßen
Verachtung Unkultur erblüht
  Verschwörungstheorien
  Staat verleumden
  Politiker bedrohen
  Ängste schüren
  Polizisten anpöbeln
  Rettungskräfte prügeln
  Maßlos lügen
  Steine werfen
  Brände legen
  Schaufenster zerstören
Und noch viele andere Sachen
Die dem Bürger Sorgen machen
Wo sind zur Schule sie gegangen
Zu Anstand nie erzogen
Haben Erziehung nie empfangen
Charaktere total verbogen
Was soll man mit ihnen machen
Die so unbelehrbar scheinen

Wer wird hier Klarheit schaffen
Gespaltene Gesellschaft einen
Fehler aus der Vergangenheit
Ganz massive ohne Zweifel
Auszumerzen ist Notwendigkeit
Müssen *alle* hier begreifen
Bessere Bildung muss jetzt sein
Nicht Formeln Fakten - allein
Humanistische Bildung kann es leisten
- Erleuchtung des Geistes

Samin auf der Vida

Hardanger-Vida
Naturschönheit in Eis und Schnee
Tundra in Europas Norden
Richtungsverkehr in engen Tunneln
Krüppelbäume Flechten Moose überall
Hier und da ein See
Vereinzelte Siedlungen kleiner Hütten
Da - ein Verkaufsstand an der Straße
Dahinter ein altes Hutzelweib
(Hoffe die betagte Dame mir verzeiht)
Angeregtes Gespräch mit Händen und mit Füßen
Radebrechen in Sami Norwegisch Englisch
Und verstehen uns ganz prächtig
Rentierfelle bietet sie uns feil
(Meine Tochter findet so was geil)
Hundertdreißig Euro für ein Stück
Gebe etwas zu - bin ja nicht geizig
Überglücklich bleibt sie zurück

Ungeliebt

Von Stiefmutter keine Liebe
Vater schlug ihn oft
Mit Schwester dieser Ziege
Gibt es öfters Zoff
Verwachsener Fuß bereitet Pein
Drum ruft man ihn nur *Hinkebein*
Süßigkeiten und Schmusen
Nur von Oma und Opa allein
So vorbelastet kommt die Schule
Still sitzen ist nicht fein
Lernen macht ihn fast k.o.
Schafft Versetzungen gerade so
Nach der Schulzeit in den Knast
Weil er die falschen Freunde hat
Vielen tut er wirklich leid
Aber richtige Freunde - keine
So kommt die Verzweiflungstat
Mit Schnaps und starkem Strick
Geht er von uns -
Und kommt nie zurück

Herzlichkeit der Wüste

Sechs Stunden eng eingepfercht
Im Flieger unbequem viel Lärm
Touristisch bestaunen die Stadt
Die einiges zu bieten hat

Große Städte hab ich oft gesehen
Sind in vielem einander gleich
Durch Straßenschluchten gehen
Bis meine Knie werden weich

Pakistani der ein Wüsten-Guide
Chauffiert mich weit hinaus
Und zeigt mir eine andre Welt
Mit Oka Fuchs und Wüstenmaus

Wir halten und ich setz mich nieder
Lasse endlos durch Finger gleiten
Wüstensand den warmen feinen
Genieße Ruhe und der Vögel Lieder

Einen Kamelzüchter treffen wir
Afrikaner aus dem Sudan
Bewirtet uns mit gutem Kaffee
Geleitet uns an die Tiere ran

Kamele - kein bisschen scheu
Sind freundlich fressen Heu
Abseits eine Stute mit Fohlen
Ich weiß Vorsicht ist geboten

Später treffen mit Beduinen
Herzlich werden wir begrüßt
Unbekannt und zu Gast gebeten
Freundlichkeit das Wüstenleben

Gastmahl geht bis in die Nacht
Mondsichel leuchtet hell
Von Sternen reich umkränzt
Dann gehts zurück zur Stadt

Maske in weiß

Maske tragen groß in Mode
Wie es früher in Venedig war
Als auf Geheiß des Dogen
Man feierte den Karneval

Sie ist nicht coloriert
Oder golden mit Brillanten
Keine einer Räuberbande
Schnödes weiß unverziert

Die Maske soll uns nützen
Vor Virenschleudern schützen
Dummen die Vorschriften trotzen
Schamlos husten schniefen rotzen

Da wir lieben unser Leben
Sei die Maske unser Segen
Vernünftige (ohne Frage)
werden sie noch lange tragen

Abschied V

Schmucklos steril der Flur
Schockiert voll Trauer
Nicht sitzend sondern kauernd
Erinnerung in Fragmenten nur
Weiße blaue Kittel ignorieren mich
Leute um mich herum und doch allein
Verstorben ist die mich gebar
Den letzten sensibelsten kleinsten
Der ich in der Kindheit war
Augen trocken bin zu alt zu weinen
Gehen fällt furchtbar schwer
Als ich zum Bahnhof wanke
Möchte die Geschwister sehen

Kleine Freuden

Gold und Silber brauch ich nicht
Nicht Orden und keine Diamanten
Bestimmt auch keinen Siegerkranz
Die Kleinen Freuden spenden Licht

Entbehrliche Symbole der Eitelkeit
Sie kommen mir nur übel an
Vergällen mir den ganzen Tag
Liebe Geste willkommen jederzeit

Zum Geburtstag kleinen Blumenstrauß
Der reicht vollends aus
Gerne feiere ich in froher Rund
Mit den Besten meiner Freunde Bund

Platz im Leben

Abi-Zeit ist allerhöchste Zeit
Im Leben deinen Platz zu suchen
Schau dich um es ist so weit
Nicht über Langeweile fluchen

Was du vielleicht werden solltest
Was für dich das Beste sei
Darfst du nicht die andern fragen
Nein - dich ganz allein

Deine Schulzeit währte lange
Konntest Vieles kennenlernen
Hast im Umfeld viel gesehen
Warum ist dir so bange

Hast im Leben viel erträumt
Keine Chance je versäumt
Und so manches ausprobiert
Und siehe es funktioniert

Das Grübeln lasse bitte sein
Schau in dein Innerstes hinein
Wo deine Zukunft angelegt
Was du schon immer angestrebt

Wenn du aufstehst in der Früh
Denkst was du am liebsten tust
Die Entscheidung schon gefallen
Lerne studiere genau DAS
- Nur DAS vor allem

Tote schweigen nicht

Irrt euch nicht die ihr meint
Dass Tote ewig schweigen
Wenn alle Tränen sind geweint
Wird es sich erweisen

Der du von uns gegangen
Dein Körper wird zu Staub
Erinnerungen bestehen lange
Zeugnisse und Taten auch

Was Menschen mit dir erlebt
Deine Sprüche in großer Zahl
Wenig gehasst und viel geliebt
In Träumen gelebt tausende mal

Urkunden bezeugen dein Leben
Unzahl Gedichte und Geschichten
Von Freunden Zitate und Berichte
Resultate deines Geistes Streben

Stets gut gepflegt dein Garten
Vorbildlich bestellt dein Acker
Früchte galten als die besten
Hoch gelobt auf allen Festen

Wenn gestorben die dich kennen
Werden deine Taten weiter leben
Dich rühmen weitere Generationen
Du bist tot und nicht verloren

Trost

Täglich stürzt vom Himmel
Ein Flugzeug riesengroß
Menschen sterben ohne Sinn
Finden hilflos den Tod

Flugzeuge sind es nicht
Die Menschen bringen um
Eine Krankheit schlimm
Die uns nicht lässt ruhn

Wenige Ärzte ohne Vernunft
Schaden der heilenden Zunft
Schreiben *Corona gibt es nicht*
Führen Ängstliche hinters Licht

Offen an den Pranger stellen
Sollen öffentlich bekennen
Das Leid das sie angerichtet
- Zu Einsicht führt das nicht

Verzweiflung Wut und Schmerz
Keine Erlösung trauerndem Herz
Müssen alle fest zusammenstehen
Geschwistern Eltern Kindern
   Trost und Hilfe geben

Hemmung und Vertrauen

Manchmal stellst du Fragen
Ich weiß nicht viel von dir
Es liegt mir schwer im Magen
Und kann gar nichts dafür
Verstorben deine Eltern
Das hast du mir vertraut
Die Familie gibts nicht mehr
Komm her und sprich dich aus

Meine Familie bist jetzt du
Und Kinder die bald kommen
Ich hab mein Heil gewonnen
Zu lange stockte mir das Blut
Konnte von Trauer nicht reden
Das Elternhaus war mir zu lieb
Und alles was mir davon blieb
Erinnerung an bescheidnes Leben

Ich will nicht länger trauern
Nicht mehr tragen den Schmerz
Lass uns froh die Zukunft bauen
Immer schauen himmelwärts

Senioren mit Zukunft

Rentner seit drei Wochen
Zu Ende die Maloche
Mit viel Schweiß und wenig Geld
Habe mich darauf gefreut

Zeitung oder Bücher lesen
Mich im Ohrensessel rekeln
Mit Nachbarn plauschen
Genüsslich Pfeife rauchen

Ein kühles Bier dazu
Manchmal nehm ich zwei
Das tut mir immer gut
So geht der Tag vorbei

Das Glück aber hält nicht an
Nichts zu tun ist ein Graus
Wer gearbeitet ein Leben lang
Hält keine Langeweile aus

Hobby finden ist nicht schwer
Ausgleich muss schnell her
      Angeln am nahen See
      Fahrrad fahren J-W-D
      Sonntags auf dem Fußballfeld
      Weil die Dorfmannschaft gefällt
      Samtags beim Gehsteig fegen
      Zwanglos mit Nachbarn reden
      Wandern durch alte Wälder
      Kräuter sammeln in den Feldern
      Seniorentreffen im Café
      Schwatzen über dies und jenes
      Hab im Garten viel zu tun
      Mit Kräutern und mit Blumen
      Zum Friedhof möglichst nur
      Wenn abgelaufen meine Uhr

Wenn es regnet draußen
Oder dicke Flocken schneit
Dann sitze ich und schreib
Und fühl mich wie im Rausch

Mehr Glück kann es nicht geben
Als ausgefülltes Rentnerleben
Einfach grässlich dieses Labern
Dass Senioren keine Zukunft haben

Abgeschiedenheit

Orte die ich sehr mag
Einsam
Nur wenigen bekannt
Ganz besonders diese Stille
Kein Autolärm keine Eisenbahn
Nur leises Zwitschern
Eine Maus im Grase huscht
Hier kann ich sinnen
Ohne Zweck und Ziel
Und so mancher Gedanke
Ist geboren hier

Abgeschieden doch nicht allein
Wähne dich ein meiner Nähe
Denke an Menschen
Die mir nah
Und wenn ich Gesellschaft wünsche
Ruf ich an - und sie sind da

Abgeschieden und wohl behütet
Helfe mir selbst
Vergesse meine Nachbarn nicht
Und sollte ich um Hilfe bitten
Gütige Hände die mich stützen

Einsame Frauen

In der Kindheit hübsch und klug
Überall beliebt
Beim Lernen besonders gut
Talente die es selten gibt

Später als die Liebe kam
Schien beiden das Glück perfekt
Doppelhochzeit schon geplant
Dann mussten die Männer weg

Für Kaiser Gott und Vaterland
Sie zogen in den Krieg
Einer ertrank am Skagerrak
Vor Verdun der andere fiel

Der Schmerz unendlich groß
Konnten ihn nicht überwinden
Sagten sich von Liebe los
Und dem Wunsch nach Kindern

Zogen in ein Häuschen ein
Wo sie lebten ganz allein
Freundinnen wurden alt
Wunderliche alte Damen halt

Kleine Kinder bekamen Angst
Große wechselten die Straße
Wenn in Kleidern langen schwarzen
Zitternd beide Damen kamen

Zwei Gräber auf dem Friedhof
Ungepflegt und unbeachtet
Zwei Damen man hier begrub
Vom Schicksal schwer geschlagen

Opfer des Fortschritts

Geboren ist ein neuer Gott
Allwissend mächtig begehrt
Die ihn erfanden schwören
Er sei unsrer Liebe wert
Und verschweigen dass er Ihnen
Sagenhaften Reichtum schenkt
Geschaffen nicht
Aus Fleisch und Blut
Auch kein Geisterwesen
Technischer Fortschritt überall
Intelligente Automaten
Nicht müde und nie krank
Kein Streik und kein Zank
Keine Gewerkschaft fordert
Mehr Urlaub und mehr Lohn
Facharbeiter braucht er nicht
Spuckt ihn einfach aus
Ohne Abfindung ohne Chance
Schickt er ihn nach Haus
Da sitzt er und trinkt Bier
Das kann er sich noch leisten
Er kann doch nichts dafür
Wünscht sehnlich sich
Ein Grundeinkommen

Anders sein

Ich bin ich
Einfach ich
Anders als die anderen
Nach eigenem Gusto
So wie ich es will
Es gefällt nicht jedem
Doch ists mein Recht
Es stimmt nicht wie sie sagen
Ich sei schlecht
Sie lügen oder irren
Bin einfach anders
Ich liebe die Welt
Liebe alle Menschen
Und liebe ein Mädchen
Das mich versteht
Durch Dick und Dünn
Für immer mit mir geht

Auf der Klippe

Eine Handbreit vorm Abgrund
Tödlich jeder weitere Schritt
Zu hoch und zu steil die Klippe
Soll ich oder soll ich nicht
Die Angst zu groß
Vor dem was wird
Leben voller Enttäuschung
Von Kind auf ungeliebt
Lob kam niemals vor
Schelte für nichts
Oder Bagatellen
Kunst und Bildung völlig fremd
Noch sehr jung und schon genommen
Nicht nur einmal und brutal
Keine Chance davon zu kommen
Scham und Schuld
Bis heute Qual
Tag und Nacht Dämonen Fratzen
Gehörnt und mit Pferdefuß
Es gibt Freunde die mir helfen
Mit Wort und Tat sooft es geht
Und bei Göttern und Elfen
Hilfe für mich erflehen
Sie alle kommen just in meinen Sinn
Darf sie nicht enttäuschen
Wanke trete einen Schritt zurück
Dem fürchterlichen Schlund entgangen
Gehe hin zu meinen Freunden
Meinem allergrößten Glück

Verlust

Bin nicht wie der Goethe
Dem der Tod verhasst
Komme nicht in Nöte
Falls mich ein Freund verlässt

viele habe ich verloren
Habe alle sie geliebt
Gewiss wär es verlogen
Wär ich nicht betrübt

Tränen helfen nicht
Trübsal nicht dein Fall
Hast Lasten nie gescheut
Und keine Tat bereut

Ob liebe Menschen gingen
Du bist nicht allein
Erinnerung in Liebe
Ruhe stellt sich ein

Staunen

Beneidenswert die kleinen Knöpfe
Mit großen runden Kulleraugen
Offenem Mund stehen und staunen
Das ist der Kinder Eigenart
Ihre Welt zu erfahren
Viel Neues zu erlernen
Phase *Altklug* in weiter Ferne
   Lichterglanz am Weihnachtsbaum
   Plüsch der große Teddybär
   Der Sternenhimmel ein Traum
   All das freut Kinder sehr

Jugend kann es kaum ermessen
Hochgefühl beim ersten Kuss
Es gehört zum jugendlichen Wesen
Dass große Liebe folgen muss
   Bunte Schmetterlinge wandern
   Von einer Blüte zur andern
   Verlieben sich bei jeder neu
   Bleiben keiner keiner treu

Vergangen de schönen Zeiten
Hast das Staunen längst verlernt
Schade leider unverzeihlich
Bliebst trotz grauer Haare jung
Erinnerst dich der Jugend gern
Dein Kopf gleicht dem Panoptikum
   Schemenhafter Kinderreigen
   Tänze wogender Nebelschleier
   Hast Gesichter längst vergessen
   Deren Liebe du genossen

Wer du bist I

Nicht mehr Kind
Noch nicht erwachsen
Alles können - alles machen
Bevor wir reife Leute sind

So ist das mit der Jugend
Aufschneiden gilt als Tugend
Was sie imstande zu leisten
Muss sich erst erweisen

Sei ehrlich zu dir selbst
Bist schön nicht der Schönste
Und klug nicht der Klügste
Auf dieser wunderbaren Welt

Dein Abi voraussichtlich gut
Hast fleißig meist gelernt
Und zum Studieren Mut
Dein Ziel ist hoch und fern

Was du wirst liegt in deiner Hand
Was du lernst hörst und siehst
Was du bewirkst mit Verstand
Bestimmt am Ende wer du bist

Fragen nach dem Leben

Vieles wollt ich fragen
Der Weg zu dir war zu weit
Unsere Seelen gar nicht nah
Nur für Arbeit hatt ich Zeit

Merkte nicht was ich versäumte
Für die Nächstenliebe blind
Im ganzen Leben nicht erträumt
Was Kinder für die Eltern sind

Irgend wann die Frage reifte
Was mich gequält zur Nacht
Und was genährt die Zweifel
Warum ich deiner nie gedacht

Vieles hast du nicht gesagt
Zu fragen habe ich nie gewagt
Ging ohne Kompass in die Welt
Ging ohne Regeln ohne Geld

Liegst bleich und starr vor mir
Der Schmerz zerreißt mich schier
Möchte endlos mit dir reden
Keine Antwort keine Regung

Abschied VI

In aller Stille
Von euch scheiden
Nicht Kummer euch bereiten
Das sei mein Wille

In Frieden von euch gehen
Alle Fragen sind gefragt
Alles Nötige ist gesagt
Möchte euch noch mal sehen

Von Liebster viel gewünscht
Bekommen sehr viel mehr
Mein Sehnen ganz erfüllt
Dir gebührt die größte Ehr

Ihr Kinder alle meine Freude
Fröhlich spielen lernen lachen
Seid euren Weg gegangen
Habe keine Stunde je bereut

Party first

Ab und zu ins Kino gehen
Zum Tanz in Disco oder Klub
Lass mich gern im Sommer sehen
Beim Tanz auf einer Linde
Und wenn das Volksfest ruft
Bin ich am Riesenrad zu finden
Fühl mich gut und fühl mich frei
Doch sind Pflichten nicht einerlei

Ohne Bauern gibts kein Brot
Ohne Arzt käm früh der Tod
Ohne Polizei und Feuerwehr
Wird unser Leben schwer
Ich kümmere mich um alte Leute
Mache Kindern gerne Freude
Bin auch sonst für andere da
Kenne immer meine Pflicht
Party first gilt für mich nicht

Klagelied zur Nacht

Mein Schatz ist von mir gegangen
Als Soldat in ein fremdes Land
Ohne Not und ohne Verstand
Und andrer Länder Verlangen

Riesige Berge schneebedeckt
Felder trocken karg und steinig
Menschen Tradition verbunden
Viele Kriege schlugen Wunden

Land und Leute wollen Frieden
Nicht fremde Mächte mit Waffen
Äcker bestellen Wohlstand schaffen
Von Herzen die Freiheit lieben

Mein Schatz ist von mir gegangen
Niemals wird er wiederkommen
Liegt begraben in fremdem Land
Der guten Herzens helfen wollte

Wenn ich schlafe ist er bei mir
Hält mich fest in seinen Armen
Tausend Küsse und noch viel mehr
Spendet Ruhe mir und Wärme

Willkommen

Freunde hab ich oft zu Gast
Will sie gern verwöhnen
Gleich ob es ein Jubeltag
Oder einfach Lust zum Klönen

Klopfen Freunde ganz spontan
Sag ich *willkommen tretet ein*
Ihr sollt meine Gäste sein
Gibts was neues sagt mir an

Häppchen für den Appetit
Gegen Durst ein *aqua vit*
Kühl gelagert Bier und Wein
Schenk ich freundlich ein

Langeweile solls nicht geben
Wer möchte singe ein Lied
Anekdoten zum besten geben
Oder rezitiere ein Gedicht

Ist der Abend gut verlaufen
Ohne schimpfen ohne raufen
Schwelgtet in größten Wonnen
Sollt bald ihr wiederkommen

Trauer

Nicht Last
Und keine Krankheit
Auch keine Strafe
Ist therapeutisch
Geschaffen mit Bedacht
Mutter Natur hat dies gemacht
Der Schmerz so unerträglich
Wird liebe Erinnerung

Zufrieden

Bist du zufrieden
Mit dem was du tust
   Du hast die Wahl
   Kannst Amboss oder Hammer sein
   Oder das Eisen das man schmiedet
   du selbst musst die Arbeit treiben
   Bevor du wirst getrieben
   Dein Schicksal behalte
   In deinen eigenen Händen
   Träger und Garanten deines Glücks
Bist du es nicht
Hast du manches falsch gemacht

Sei zufrieden
Mit allem was du hast
   Freunde Gemeinschaft
   Familie Verwandte
   Alle Zeit der Welt
   Ideen dein Intellekt
   Wissen Können Erfahrung
   Weisheit
   Lust die unbändige
Dein Reichtum ist unermesslich

Nähe und Distanz

Magie der Gegensätzlichkeit
Wer kann sagen
Was ist nah und was weit
Was ich mag
und was nicht
Was ist warm
Und was kalt
Alles sei relativ
Wie man so sagt
Fade Redensart
Wen mag ich riechen wen nicht
Und wie steht es umgekehrt
Viele kann ich lieben
      Ohne Unterlass und innig
      Manchmal weniger
Nur hassen kann ich nicht

Kindes Freud und Leid

Mit Pinsel und Papier

Schreibpult Pinsel und Papier
Sind die besten Freunde mir
Mal den Menschen meiner Welt
Das was ihnen wohl gefällt

Mutter male ich noch heut'
Einen bunten Blumenstrauß
Auf dass sie sich daran erfreut
Tagein und auch tagaus

Vater mal ich einen Apfelbaum
Mit Früchten wie im Traum
Möcht' im Garten viele Bäume sehn
Darunter Kinder sich im Reigen drehn

Meine Geschwister mögen Tiere
Drum male ich eine bunte Schar
Lämmer Kälbchen und Ziegen
Auch Meise Stieglitz und Star

Für die Kinder der ganzen Welt
Male ich vor blauem Firmament
Eine Taube dass der Frieden hält
Und niemals ein Haus mehr brennt

Kinderwünsche

Ein Sprichwort sagt
Eine Kinderhand sei leicht zu füllen
Doch fehlt es allzu oft am Willen
So fragte ich in einem Kindergarten
Die Kleinen was sie von der Welt erwarten

Mit schwarzem Haar eine kleine Maus
Sie kam und schaut' mich traurig an
Krieg soll's nicht geben in keinem Land
Und keine Bomben fallen auf ein Haus

Ein kleiner Mann - große Augen krauses Haar -
Sprach von Hunger den seine Familie litt
Onkel hilf dass alle Kinder Essen haben
Die Welt muss besser werden ich bitt ich bitt

Ein kleines Mädchen eine Frohnatur trat heran
Lächelte freundlich und zwitscherte mich an
Schlecht geht es Bäumen Vögeln der ganzen Flur
Ich wünsche allen Leuten ein Herz für die Natur

Dann kam ein Kleiner baute sich auf resolut
Politiker sollen menschlicher und weise werden
Gäbe es mehr glückliche Völker auf Erden
Als glückliche Regierungen das wäre gut

Verlegen gerührt beschämt und übermannt
Ließ ich die Kinder in ihrem Spiel zurück
Ihre Weisheit ihr kindlicher Verstand
Sind der Menschheit bester Weg ins Glück

Im Tierkindergarten

An jedem Morgen ziehen fünf kleine Racker
Äffchen Kätzchen Küken Häschen Zicklein
Erwartungsfroh zu ihrem schicken Kindergarten
Onkel Uhu geleitet sie ins Haus hinein

Als erstes singen sie ihr Lieblingslied
Onkel Uhu und Frau Storch stimmen gerne ein
So froh gelaunt beginnen sie ihr Spiel
Auch Turnen oder Tanzen im Ringelrein

Das Äffchen plötzlich entdeckt die Schale
Darauf liegend eine Orange und Banane
Jedes der Kinder möchte ein Stückchen
Und nein - keiner will gern verzichten

Doch sind kleine Stücke auch ein Genuss
Frau Storch die alle lieben hat *die* Idee
Wir backen Kuchen mit Früchten und Gelee
Sie geht zur Küche Kinder folgen auf den Fuß

Das Äffchen darf die Schüssel halten
Das Kätzchen bringt Eier und Schmalz
Vom Küken kommen Butter und Salz
Das Häschen gibt dazu Milch und Mehl
Mit Zickleins Safran wird der Kuchen gehl

Kräftig rühren wollen alle
Wenn der Kuchen endlich fertig ist
Nehmen freudig alle Platz am Tisch
Der Kuchen wird nun aufgetragen
Das Küken darf den Tischspruch sagen

Lieber kleiner Spatz
Bitte nimm hier Platz
Damit du eine Freude hast
Bist du heute unser Gast
Wir haben dich alle lieb
Guten Appetit!

Drachen bauen

Das Getreide ist schon eingefahren
Über Stoppelfeldern weht der Wind
Weckt die Lust auf einen Drachen
Kunterbunt bei jedem Kind
Jeder kann das fertig kaufen
Mehr Spaß macht es selber bauen

Du brauchst bunte Zeitung Leisten
Farben Leine Pergament und Leim
Leisten zu einem Kreuz verbinden
Straff ringsum einen Faden winden
Das Pergament darunter legen
Und außen um den Faden kleben

Mit Pinsel Farbe und Geschick
Der Drache kriegt ein lustiges Gesicht
Einen bunten Schweif braucht der Drache
Leicht ist er aus Buntpapier zu machen
Und muss sechs mal um den Drachen reichen
Zwei Quasten klebe an die Seiten

Die Mittelleiste bekommt einen Faden
Wie ein Bauch ist der so weit
Das wird des Drachens Waage
Verbunden mit der langen Leine
Die Waage ist der Steuermann
Damit der Drache droben tanzen kann

Wenn der Testflug gut gewesen
Forme einen Halm zum Ring
Der soll an der Leine schweben
Als Drachenpost zum Himmel hin
Mit einem Lächeln voller Glück
Schickt der Drache den Gruß zurück

Kleiner Falke

Ein kleiner Knabe von eben vier Jahren
Der Sebastian heißt liebt sehr die Natur
Die Eltern nennen ihn auch *Kleiner Falke*
Nach seinen Lieblingsvögeln im Kirchenturm

Nach Tieren und Pflanzen schaut er gern
Fuchs und Hase Vögel Igel Salamander
Nach Bienen Schmetterlingen Käfern
Nach Blumen im Garten und am Wegesrand

Des Abends eingeschlafen träumt der Knabe
Von den Falken die hoch im Kirchturm leben
Er wünscht wie diese möcht er Flügel haben
Frei wie alle Vögel zu den Wolken streben

Da breitet Kleiner Falke seine Flügel aus
Fliegt durchs Fenster in die Welt hinaus
Hoch und und noch höher geht sein Flug
Zum Mann im Mond der in seiner Sichel ruht

Der alte weise Mann fragt ihn woher und wohin
Weißt du was ist Glück wo ist's zu finden -
Ich bin alt sitze hier seit vielen Jahren
Den Weg zum Glück können nur die Sterne sagen

Durch den Raum Kleiner Falke weiter fliegt
Wird von munterer Sternenschar umringt
Dein Weg zu uns ist weit und schwer
Bitte sage warum kamst du hier her

Mich betört euer Glanz in Silber und in Gold
Ist mir vielleicht hier das Schicksal hold
Ist das nicht das gelobte Land das Paradies
Finde ich das ewige Leben des Lebens Elexier

Die Sternlein sind amüsiert lachen wie Kinder
Wir sind Stein die einen heiß die anderen kalt
Nicht aus Gold und wie der Mond furchtbar alt
Das Glück kannst du nur in dir selber finden

Kleiner Falke schwebt zurück zum Elternhaus
Gedankenschwer ins Zimmer in sein Bett
Und schläft bis zum Morgen ganz tief und fest
Die Sonne steht auf weckt ihn aus dem Schlaf
Seine Augen lachen als er die Eltern sieht
Ich hab es gefunden mein großes Glück seid ihr!

Warum

Beständig fragen kleine Kinder
Überall und jederzeit
Wie viele Sterne stehen am Himmel
Warum es im Winter schneit
Warum am Morgen Vögel singen
Bevor die Sonne ist erwacht
Warum so manche Möwe lacht
Und vom Kirchturm Glocken klingen

Dank euch Kindern für die Wissbegier
Fällt eine Antwort oft auch schwer
Viel zu wissen ist ein Pläsier
Das mit jeder Frage größer wird
Selbst wenn Lernen eine Fron
Weisheit ist der Mühe Lohn

Hört ihr Leute nah und fern
Ja kleine Kinder lernen gern
Lernen hinzu bei jedem Spiel
Nein es wird ihnen nicht zu viel
Kinder wollen uns vertrauen
Und auf unsere Antwort bauen
Fragen lernen wissen handeln
So sollt man durchs Leben wandeln

Wie Tiere reden

Ich bin die kleine Tina
Stets lustig und auch lieb
Ich kenn' schon viele Tiere
Die man im Dorf hier sieht

Das Kätzchen sagt Miau
Die kleine Meise piep piep
Das Hündchen bellt wau wau
Das Spätzchen tschiep tschiep

Tauben auf dem Dach sie gurren
Gänse und Enten schnattern
Der alte Hund kann nur knurren
Die bunten Hühner gackern
Nur der stolze Hahn sagt kikeriki

Hungrige Schweine quieken
Nur satte Schweine grunzen
Und unsere buntscheckige Kuh
Sie sagt gemütlich Muh

Täglich in dem Kindergarten
Kann ich viel über Tiere sagen
Wie dieses oder jenes heißt
Bin stolz was ich alles weiß

Kinder im Frühling

Die kalte Jahreszeit war schön
Schlittschuh Schlitten fahren
Mit dem Ski vom Berghang rasen
Mit der Angel am Eisloch stehen
Endlich aufgetaut sind Schnee und Eis
- Der Winterspaß ist nun vorbei

Der Frühling ist jetzt eingezogen
Im Park die Frühlingsblumen sprießen
Zugvögel sind auch schon eingeflogen
Höchste Zeit die Sonne zu genießen
Jungs und Mädchen kommt aus dem Haus
Tobt an der frischen Luft euch aus

Der Peitschenkreisel ist hervorgekramt
Geschicklichkeit ist da gefragt
Pauls und Annas Lieblingsspiel
Bei beiden klappts mit viel Gefühl
Und wie der Kreisel tanzt und springt!
Von Freunden sind sie gleich umringt

Lisa geht ein Stück Kreide holen
Malt ein Hüpfkästchen auf den Boden
Nacheinander sind alle dran zu springen
Mal auf einem Bein mal mit beiden
Bis zur Dunkelheit könnten sie so spielen
Wenn Eltern nicht zum Abendessen riefen

Und so gibt es noch so viele Sachen
Die Kinder in der Freizeit machen
Schnitzeljagd im nahen Wald
Murmeln Verstecken oder Völkerball
Kreisspiele auf der Wiese mit Gesang
Wettrennen mit Roller oder Bobby Car

In der Auswahl seid ihr Kinder frei
Ob Eltern reich sind oder arm ist einerlei
Was ihr braucht das habt ihr schon
Computer Spielkonsole können ruhen
Gesundheit und Wohlbefinden sind der Lohn
Und das bekommt ihr völlig kostenlos

Leseratte

Es gibt ein Mädchen eine kleine kluge
Ist zehn Jahre und geht gern zur Schule
Sie liest wann und wo sie immer kann
Wird in der Familie Leseratte genannt

Karin ist ihr Name - schon im Kindergarten
Konnte sie die Schulzeit nicht erwarten
Mühte sich ihren Namen nachzuzeichnen
Und konnte bald ihn richtig schreiben

Eltern Omas Opas geben Wünschen nach
Kaufen jedes Buch das Karin lesen mag
Ihr Zimmer gleicht einer Bibliothek
Regale vom Fußboden bis zur Decke

Aus vielen Ländern Sagen und Legenden
Auch Märchen Fantasie Geschichten
Naturbeschreibung Pflanzen und Tiere
Abenteuer aus Wüsten und der See
Indianer vom Amazonas und ihr Los
Karins Wissensdurst scheint grenzenlos

Seit kurzem sie verschlingt Romane
Aus allen Zeiten Gedichte und Dramen
Ab und zu schließt sich Karin ein
Die Eltern denken dass sie schreibt

Kinderfreuden

Auf der Bank sitz ich und träume
Von einer längst vergangnen Zeit
Von kindlichem Spiel unter Bäumen
Ganz ohne Sorgen und in Fröhlichkeit

Bis heute habe ich es mir bewahrt
Das Gefühl unbeschwerten Daseins
Das Älterwerden war mir keine Pein
Es verging halt so Jahr für Jahr

Fast täglich seh ich junge Paare
Durch Stadt und Park flanieren
Erwartungsfroh da sie schon bald
Muntere Kinder mit sich führen

Jeder Kinderwagen erfreut mein Herz
Weil jedes Kind ein großer Schritt
Zu bessrer Zukunft ist ein Stück
Innerlich wünsch ich viel Glück

Mancher Eltern Tun find ich bedenklich
Was von kleinen Kindern sie erwarten
Drei Stunden täglich Klavier und Geige
Englisch pauken statt Kinderreigen

Jede Woche proben in dem Kinderchor
Fußball Ballett und Pferdesport
Kindern fehlt versteht es endlich
Im Garten das unbeschwerte Spiel

Hochbegabt ein Wunderkind sogar
Wunschdenken bringt Kinder in Gefahr
Ich wünschte Kinder wären freier
Gestalteten die Freizeit selber

Kinderfreuden müsst ihr erkennen
Sind Geschenk und keine Einbahnstraße
Kinderfreuden dürft ihr euch gönnen
Wenn die Kinder selber Freude haben

Rabe Kracks

In eines Bauern Garten saß ein Rabe
Sein linker Flügel verletzt und lahm
Aus dem Nachbarhaus der kleine Klaus
Unter der Jacke trug er ihn nach Haus

Die Wunde hat der Klaus gleich verbunden
Professionell mit Binde und mit Spange
Damit der Rabe ordentlich gesunden kann
Hat er in der Voliere sein Heim gefunden

In dem Raben hat Klaus jetzt einen Freund
Den er täglich füttert und liebevoll betreut
Einen Namen bekommt der Vogel auch
Klaus ruft ihn von Stund an *Rabe Kracks*

Fliegen kann der Kracks jetzt nimmermehr
Auch wenn die Wunde gut verheilt
In der Voliere muss er nicht bleiben
Hüpft in Garten und Hof ganz frei umher

Von allen Tieren im Hof ist er akzeptiert
Von Schwein Ziege Hühnern selbst dem Hahn
Mit allen spielen necken ist sein Pläsier
Niemand möcht ihn missen den lustigen Raben

Der Klaus spielt täglich auf der Straße
Mit Freundinnen und Freunden Federball
Rabe Kracks ist meistens mittendrin
Fällt der Ball zu Boden er reicht ihn hin

Wohin Klaus sich wendet Kracks ist dabei
Geht er zur Schule möchte Kracks hinterdrein
Der Schulweg aber ist leider viel zu weit
Drum schließt Klaus den Raben sicher ein

Wie alle Rabenvögel ist Kracks verspielt
Am liebsten Schabernack bei jeder Gelegenheit
Trifft sich wer zum Schwatzen vor dem Haus
Kracks zieht ihm gekonnt die Schnürsenkel raus

Der Großmutter stiehlt Kracks das Schlüsselbund
An Klaus' Fahrrad lässt er die Luft heraus
Am Kaninchenstall macht er die Türe auf
Viele Streiche sind sind in Klaus' Erinnerung

Die Ferien an der See sind wunderschön
Klaus kommt zurück und will den Raben sehen
- Tiefe Trauer legte sich über diesen Tag
Als Mutter zeigte wo Kracks begraben lag

Traum und Tatendrang

Kinder fragt man was willst du werden
Die passende Antwort kommt gleich heraus
Lokführer Kapitän und *was mit Pferden*
Model Pilot Fußballprofi und Astronaut
Dichter Boxer Bankdirektor und Polizist
Man gönnt es wenn's auch ein Traum nur ist

Kinder meinen ernst was sie uns sagen
Auch wenn Träume meistens Schäume sind
Bei manchen folgt dem Traum der Tatendrang
Was heißt des Lebens Ernst fängt an
Der Sportler will täglich trainieren
Der Pianist muss pausenlos musizieren

Besser ist als nach dem Faulsein zu ruhn
Was du auch später machen willst zu tun
Musst erst das Handwerk ordentlich üben
Dann zum großen Künstler dich erheben
Den schweren Weg wirst du nicht bereuen
Kannst über Erfolge dich dann freuen

An die Menschen musst du immer denken
Welche dich auf deinem Weg begleiten
Deine Eltern waren stets an deiner Seite
Die Lehrer und Trainer den du verdankst
Dein Wissen und Können viele Jahre lang
Deine Fans die jubeln und Beifall spenden

Wenn Lernen Spaß macht

Manchmal werde ich gefragt
Warum nur bist du so dumm
Drei Stunden lernst du jeden Tag
Quälst dich mit Hausaufgaben rum

Darüber kann ich nur lachen
Von Qual kann keine Rede sein
Wer den Schulstoff hat verstanden
Hat mit dem Pensum keine Pein

Meine Eltern den Rat mir gaben
Nicht für Lehrer sich zu plagen
Mit Disziplin Fleiß und Mitarbeit
So werden Lehrer deine Freunde sein

Manche Schüler sind sehr traurig
Weil ihnen scheinbar nichts gelingt
Ich komme entgegen biete Hilfe an
Und künftig sind sie besser dran

Helfen tut gut wissen wir genau
Neue Freundschaften tun sich auf
Kenne kein Mobbing keinen Hass
So macht das Lernen allen Spaß!

Robby beim Fleischer

Ein großer Feiertag steht bald an
Kathrin nimmt den Enkel bei der Hand
Robby ruft man den kleinen Knaben
Der deftige Sprüche sagen kann
Von Oma Kathrin hat er sie gehört
Damit er nun die halbe Stadt betört

Zum Fleischer Hackeschmitt gehen beide
Denn Oma will Braten zum Fest bereiten
Vergnügt treten sie in den Laden ein
Auf einem Stuhl soll Robby sitzen
Spricht Kathrin und ganz stille sein
Doch die Mahnung soll nichts nützen

Als die Fleischerin nach Wünschen fragt
Ruft Robby ganz laut in den Raum
Bei Hackeschmitts gibt's Hasenbraten
Miau miau miau - alle hören es genau
Ist das fatal denkt Oma wird ganz rot
Die Fleischerin rettet die Situation

Mit dem Wiener Würstchen in der Hand
Tritt sie freundlich an Robby ran
Den Reim hast du schön gesagt
Mit dem Würstchen sag ich Vielen Dank
Viel üben solltest du und viel lernen
Und wirst vielleicht ein Dichter werden

Kleiner Fabian

Ein kleiner Mann der Fabian
Die Familie lebt auf dem Land
Fröhlich geliebt bei jedermann
Ist er im ganzen Dorf bekannt

Pferde sind bei ihm beliebt
Ob Braune Pony oder Schimmel
Nachbar Rudi nimmt ihn gerne mit
Auf dem Kutschbock ist es himmlisch

Ein Eichhörnchen vom nahen Wald
Kommt ihn jeden Tag besuchen
Das freut den kleinen Fabian
Und gibt ihm Eicheln und Nüsse

Eine Dohle fliegt oft heran
Die will den Fabian necken
Sie stiehlt dem Fabian Sachen
Und spottet hinter einer Hecke

Nachbar Sven hat einen Hund
Einen großen aus der Schweiz
Mit ihm spielt Fabian manche Stund
Und darf auch auf ihm reiten

Die kleine Schwester Miriam
Sie liebt den Fabian sehr
Seine Lieblingsplätze zeigt er ihr
Wenn sie spazieren Hand in Hand

Im Kindergarten ist Fabian Star
Weil er Ideen hat und alles kann
Er gehört der Vorschulguppe an
Schreibt Buchstaben und auch Zahlen

Bald darf er ein Schulkind sein
Packt schon seinen Ranzen ein
Mit Heften Stiften und Fibel
Schulkind sein ist gar nicht übel

Mein Kindergarten

Ich liebe meinen Kindergarten
Gehe täglich gern dahin
Früh's kann ich's kaum erwarten
Dass ich bei meinen Freunden bin

Kindergarten das gefällt mir sehr
Das klingt für mich wie Blumengarten
Und Pflänzchen klein und zart
Genau so werde auch ich behandelt

Gleich im Vorraum hängt ein Bild
Vom Papa aller Kindergärten
Friedrich Fröbel hieß der Mann
Der schaut ganz lieb auf uns herab

Er schuf die ersten Kindergärten
Für alle Kinder ob arm oder reich
Und viele wunderbare Spielsachen
Zum Lernen und zum Fröhlichsein

Freundinnen und Freunde treffe ich
Aus dem Dorf und aus der Stadt
Alle alle sind wir glücklich hier
Spielen und lernen den ganzen Tag

Gitarre spielt unsere Erzieherin
Wir Kinder Triangel und Tamburin
Lernen von ihr schöne neue Lieder
Und im Reigen tanzen und singen

Manchmal wird gemalt und gekleckst
Auf Papier mit bunten Farben
Tiere Kinder Bäume und Blumen
Was wir dann den Eltern schenken

Endlich Schulkind

Mein Bett verlasse ich geschwind
Denn heute ist mein schönster Tag
Ab heute bin ich ein Schulkind
Und stolz ich die Schultasche trag

Die Tasche hab ich schon probiert
Sie ist bunt und sieht gut aus
Darinnen Hefte Bücher und Stifte
Da macht Lernen sehr viel Spaß

Viele Buchstaben kenn ich schon
So manches Wort kann ich schreiben
Das Rechnen geht schon bis Dreißig
Lob bekomm ich dafür als Lohn

Ich freue mich auf die Zuckertüte
Noch größer als ich selber bin
Schwer mit Süßigkeiten gut gefüllt
Als wären lauter Steine drin

Peters Geburtstag

Der Peter hat Geburtstag heut
Zwölf Jahre ist er nun und erfreut
Auf dem Tisch aufgereiht die Gaben
Bücher einen Computer Schokolade
Zwei Sachen machen ihn besonders froh
Ganz neue Fußballschuhe und ein Trikot

Papa Reinhard bringt noch ein Paket
Es ist sperrig und besonders groß
Peter eilt es auszupacken
Und hat damit seine liebe Not
Eine Angelausrüstung findet er
Umarmt Papa und herzt ihn sehr

Nächsten Samstag fahren sie zum See
Erster Wurf und ein Freudenschrei
Am Haken hängt ein großer Schlei
Bescheiden ist der nächste Fang
Eine Rotfeder noch ganz klein
Peter wirft sie in den See zurück
Für den kleinen Fisch ein großes Glück

Nach Hause gehts zu zeigen den Fang
Dass der Fisch schmore in der Pfanne
Peter lernte viel am ersten Angeltag
Man sieht im an dass er das mag
In der Natur erholen und viel lernen
Wird Peters neues Hobby werden

Kleiner Schlawiner

Ein Schuljunge mit knapp zehn Jahren
Ist Felix geistreich pfiffiger Spund
Flotte Sprüche aus seinem Mund
Wohlbekannt mit feuerroten Haaren

Lehrer loben ihn er lernt schnell
Neues entdecken er ist zur Stelle
Hat er zum Lernen mal keine Lust
Mit ererbter Gedächtnisleistung
Macht Faulheit keinen Frust

Zu lustigen Streichen immer bereit
Hängt dem Pastor ein Schwänzchen an
Klaut Kirschen in Lehrers Garten
Ist auch auf Zwetschgen erpicht
Nur Gemeinheiten mag der nicht

Im Dorfe alle Leute mögen ihn
Lieben des Jungen Frohnatur
Seinen kreativen Schöpfergeist
Und loben seinen Fleiß

Witwe Anna schwach auf den Beinen
Schafft er den Einkauf heim
Auch Opa Heinrich ist ganz stolz
Felix stapelt ihm das Feuerholz
All das trägt ihm Münzen ein

Manchmal ist auch Berechnung dabei
Freund Peter und Freundin Inga
Hilft er bei den Hausaufgaben
Und kassiert beim Lehrer Einsen

Der nächste Geburtstag ist heran
Mama zündet ihm zehn Kerzen an
Ein Spruch steht auf der Torte
Dem liebsten kleinen Schlawiner
Felix lacht über diese Worte

Singen II

Kindergesang im Badezimmer
Wo die jüngste Lieblingstochter
Auf dem Throne trällernd sitzt
Lieder schillern in Rot Grün Blau
Ihre Stimme klar wie Morgentau
Freude in ihren Augen blitzt
Erlebnisverarbeitung - aha
Was sie vergangenen Tages
Spielte hörte und auch sah
Singt sie vor wie im Rausch
Der Tagesablauf vom Kindergarten
Spiel und Streit der Nachbarkinder
Und was von Eltern sie belauscht

Später dann von uns befragt
Was sie erlebt an diesem Tag
Spricht was soll schon sein
Immer das gleiche Einerlei

Aufbegehren

Ein Junge der noch klein
Aufgeweckt und pfiffig
Ist immer hilfsbereit
Möcht aller Kinder Freund
Und Spielgefährte sein

Manchmal wird Anton giftig
(So heißt der kleine Mann)
Bockt und schreit alle an
Wenn ihm Unrecht angetan

So passiert im Kindergarten
Wo Peter den Jan geschlagen
Die Marie am Zopf gezogen
Und den Anton hat verpetzt

Auch zu Hause kanns geschehen
Bei einem Geschwisterzwist
Wo fließen dicke Tränen
Und Anton gar nicht schuldig ist

Anton macht sich kampfbereit
Ich seh das gar nicht ein
Bei jedem kleinen Streit
Soll ich alleine schuldig sein

Oma nimmt sich Antons Sorgen an
Spricht mit ihm nach Omas Art
Du bist der beste kleine Mann
Den die Familie haben kann

Bleibe einfach wie du bist
Freundlich ehrlich und gerecht
Hilf den Kleinen jederzeit
Dann sind fast alle zu dir nett

Weihnacht I

Wird zur Weihnachtszeit ein Kind geboren
Ist die Weihnachtsfreude doppelt groß
So wie damals in meiner Kindheit war
Als im Nachbarhaus ein Mädchen kam

Christel haben Eltern sie genannt
Das kleine Wesen schaukeln spielen
Den Schlitten durch den Winter ziehen
Hab auch oft ihren Schlaf bewacht.

In Kindheit Jugend war sie Freundin mir
Beinah unzertrennlich waren wir
Bis ich dann mein Dorf verließ
Studieren Welt bereisen war mein Sinn

Eine Botschaft bekam ich in der Ferne
Als die Freundin eben sechzehn war
Ihre Mutter viel zu früh verstorben
Frag mich was aus Christel ist geworden

Spurlos

Meiner Kindheit Träume
Wo seid ihr geblieben
Wie Ikarus wollt ich fliegen
Den goldnen Sternen nahe sein
Mit Hemingway auf Safari ziehen
Wilde Tiere sehen groß und klein
Mit Floß den Mississippi befahren
Wie Huckleberry Finn und Tom Sawyer
An dem großen Baikal Lachse angeln
In der Taiga suchen das Abenteuer
Riesen wie Don Quichotte verhauen
Kirschen in Lehrers Garten klauen

Und so manche tolle Streiche
Die ich mir fein ausgedacht
Auch Gemeinheit ohne gleichen
Dass mein Herz noch heute lacht

Zu Ende längst die holde Zeit
Die schönen Träume sind verflogen
Alle Wünsche leis davon gezogen
Die Kindheit ist ohne Spur vorbei

Weihnacht II

Der lang ersehnte Heiligabend
Das Glöckchen ruft er ist da
Wir Kinder Eltern und Verwandte
Ganz besonders meine Patentante
Drängen eilen nun zum Tannenbaum
Frohe Stimmung füllt den Raum
Unter des Baumes grünen Zweigen
Jung und Alt im munteren Reigen
Nimmt jeder seine Geschenke an
Gleich als erster bin ich dran
Ich bin auch gleich erfreut
Eines hat mich enttäuscht
Das Löschfahrzeug groß und rot
Besitz ich seit Jahren schon
Freundlich frage ich die Tante
Ob ich es weiter schenken kann
Ich geh hinaus ins Treppenhaus
Und klingele bei Freund Klaus
Geb die Feuerwehr ihm in die Hand
Strahlend sagt der Vielen Dank
Freundlich sagen Nachbarn dann
Ich sei der neue Weihnachtsmann

Erster Kuckucksruf

Der kleine Max ein Oma-Kind
Da fühlt er sich zu Hause
Weil Oma beinah ohne Pause
Immer deftige Sprüche findt

Im Spätherbst wird geschlachtet
Des Bauern allerbestes Schwein
Ist der Schinken gut abgehangen
Schmeckt er zum Pfingstfest fein

Was Max längst von Oma weiß
Erstmalig zu Pfingsten ruft
In Busch und Wald der Kuckuck
Und Max denkt sich etwas aus

Pfingsten mit Mutter und Bahn
Fährt Max die hohe Rhön hinan
Zu Fuß vom Bahnhof übern Berg
Zum Bauernhof der Tante Lene

Und auf des Hauses Stufen
Atemlos der Kleine Max sagt
Tante der Kuckuck hat gerufen
Und dann freundlich *Guten Tag*

Tante Lene die den Wink versteht
Gleich zur Speisekammer geht
Schneidet mit dem Messer ab
Ein Stück Schinken für den Max

Gute-Nacht-Geschichten

Sandmann hat sich davon gemacht
Jetzt heißt es *Marsch uns Bett*
Der Papa sagt uns *Gute Nacht*
Und nimmt ein Buch vom Brett

Er liest daraus bevor wir pennen
Egal dass wir die Geschichten kennen
Sein Talent das ist uns wichtig
Wenn *er* liest *leben* die Geschichten

Großen Appetit macht das Ritual
Auf Zuhören und auch selber lesen
Freuen uns auf das nächste mal
Wenn in die Bibliothek wir gehen

Zum Abschluss singen wir ein Lied
Von Dunkelheit Mond Sternen Wind
Wir werden müde und schlafen ein
Träumen von den Geschichten fein

Träume der Kinder

Träume - Märchen Sagen
Oder
Pures Leben
Was Kinder
Im Traum erstreben
Luxus oder simple
Wünsche - Grenzen schwimmend
    Gegen Hunger eine Hand voll Reis
    Kleidung gegen Schnee und Eis
    Krieg solls nicht mehr geben
    Keine Bomben und Raketen
    Vor dem Schlafen Gute-Nacht-Geschichte
    Liedchen singen oder kleine Gedichte
    Leben ohne Dreck und Ruß
    Spielen in intakter Natur
    Heilung von schlimmer Krankheit
    Elternhaus ohne Zank und Streit
    Aufmerksamkeit Liebe Herz
    Und Trost bei Seelenschmerz
    Lernen und zur Schule gehen
    Täglich viele Freunde sehen
    Diskriminierung darf nicht sein
    Kinder ihr seid alle gleich
Teure Geschenke mal ganz ehrlich
Ohne Sinn total entbehrlich

Was Kinder brauchen

Das liebste was wir haben
Unsere Mädchen und die Knaben
Ihre Händchen leicht zu füllen
Bescheiden meistens ihre Wünsche

Ein festes Dach überm Kopf
Stabiler Frieden satt zu essen
Klares Wasser reine Luft
Dürfen niemals wir vergessen

Besonders wichtig das eigne Bett
Zimmer kindgerecht das wäre nett
Genügend Raum und Zeit zu Spielen
Fürsorglichkeit menschliche Gefühle

Kinder brauchen keine Prügel
Und nur selten eine Rüge
Dafür Gelegenheit zum Entfalten
Und ihr Leben frei gestalten

Wandern Wald und Flur entdecken
Vielfältige Interessen wecken
Oder einen schönen Garten
Getier und Pflanzen aller Arten

Kinder möchten Geselligkeit
Sind für jeden Scherz bereit
Lieben tanzen Theater spielen
Auch Reime und lustige Lieder

Vor dem Kind bück dich nieder
Schau in der Augen Tiefe
Und kannst so erfahren
Was Kinder wirklich brauchen

Woher die Fantasie

Wann wird Fantasie geboren
Eine Frage oft gestellt
Klingt lange nach in meinen Ohren
Antwort die leider offen steht
Denke nach ganz weit zurück
Und kann nichts finden
Hab kein Glück
An früheste Kindheit kein Erinnern
Doch dann ein Trällern aus dem Badezimmer
Wo die jüngste Enkeltochter thront
Am laufenden Band singt sie Geschichten
Die keiner kennt - ganz ungewohnt
Stundenlang kann sie das machen
Es wird ihr nie zu viel
Wie dereinst ihr liebe Mama
Mit drei Jahren trieb das gleiche Spiel
Geschichten nie gelesen nie gehört
(Immer hat mich das betört)
Erfundene Geschichten aus dem Stegreif singen
Kann dem besten Dichter kaum gelingen
Dieses Phänomen wo kommt es her
    Vom Spiel im Kindergarten
    Oder mit den Nachbarkindern
    Von romantischen Stunden am Kamin
    Vom *Gute-Nacht-Geschichten* lesen
    Oder Märchenfilme sehen
Ich kann es nicht entscheiden
Muss die Ungewissheit leiden
Doch eines ist mir klar
Diese Begabung ist wunderbar

Luftikus

Eltern haben es nicht leicht
Mit dem kleinen Schüler Paule
An guten Ideen ist er reich
Und manchmal etwas faul

Ideenreichtum führt zu Sorgen
Er spielt so manchen Streich
Das beginnt früh am Morgen
Wenn er zur Schule schleicht

Maikäfer die er abends fing
Im Klassenzimmer gut versteckt
Wärme schnell die Käfer weckt
Fliegen summend durch das Zimmer

Unter Freunden ist Paule Held
Zeigt allen wie man Hütten baut
Abends Nachbars Kirschen klaut
Was den Eltern nicht gefällt

Doch die Meinungen sind geteilt
Manche sagen er sei ein Flegel
Andere nennen ihn hilfsbereit
Und mit Paule kann man leben

Musikalisches Haus

Junge Eheleute ein Kind erwarten
Kaufen großes Haus mit großem Garten
Da die Eltern musikalisch sind
Wollen sie dies für jedes Kind

Sieben Kinder sind es wie gewünscht
Jede Geburt wird mit Musik begrüßt
Vornamen finden fällt nicht schwer
Namen Großer Musiker liebt man sehr

Täglich üben singen und musizieren
Und neue Lieder Stücke einstudieren
Dafür braucht man keinen Plan
Auf Lust und gute Laune kommt es an

Kinder Eltern haben schöne Stimmen
Was sie auch tun man hört sie singen
Leute bleiben stehen vor dem Haus
Fröhliche Musik klingt dort heraus

Wenn ein Kind Geburtstag feiert
Ist das ganze Dörfchen eingeladen
Da kommen Jung und Alt herbei
Mit Blumen und mit kleinen Gaben

Alle feiern froh und heiter
Singen tanzen rezitieren
Tolle Stimmung jubilieren
Unvergesslich jede Feier

Lange Zeit waren sie versteckt
Nachbarn haben auch Talente
Gutes Beispiel hilft am Ende
Und sie werden neu entdeckt

Zuckerschnütchen

Zuckerschnütchen
Kasperlhütchen
Schokoladenhände
Geschmiert an Wände
Schalk im Nacken
Immer lachen
Noch in Windeln
Und schon schwindeln
Nach Haus gehetzt
Knie verletzt
Tapfer scheinen
Heimlich weinen
Dem Kinde alles alles wichtig
Erwachsen - vergessen nichtig

Katrin und Felix die Dohlen

Zwei lustige Dohlen
Die uns zugeflogen
In ein Mauerloch gezogen
Am Scheunengiebel weit oben

Haben da ein Nest gebaut
Der Dohlenmann und Braut
Fliegen nun im Dorf herum
Nach Futter für die Brut

Stehlen Essen vom Teller
Vom Strauch reife Beeren
Was Leute reden imitieren
Am liebsten Fluchen Schimpfen

Katrin und Felix die Kinder
Als Tierfreunde sehr bekannt
Haben die Dohlen angefüttert
Die nun fressen aus der Hand

Der Kinder Namen angenommen
Hören die Vögel nun aufs Wort
Sollen Kinder nach Hause kommen
Sind die Dohlen schnell am Ort

Necken weiter gern die Leute
Was glitzert tragen in ihr Nest
Suchen jederzeit nach Beute
Zum Dorf gehören sie schon fest

Ermunterung

Klein Elke vom Nachbarhaus
Sehr aufgeweckt und klug
Kommt herüber fragt mich aus
Was und wie ein Dichter tut

Geht zur Schule vierte Klasse
Und zählt schon zu den Assen
Rezitiert Gedichte allerliebst
Manche die sie selber schrieb

Eine Mappe zeigt sie mir
Ledergebunden in braun
Wohl geordnet und zierlich
Sorgsam lese ich und staune

Zehn Gedichte der schönsten Art
Aus Kinderhand wie ich nie sah
Reime im modernen Stil
Wohl durchdacht und viel Gefühl

Kann ich Dichterin werden - sag
Sie gerade heraus mich fragt
Meine Antwort im freundlichen Ton
Mach weiter so - Du bist es schon

Eselsbank

Bin ein Schulkind kerngesund
Habe manchmal einen losen Mund
Lehrer halten mich für ungezogen
Aus dem Unterricht schon geflogen

Ganz hinten muss ich sitzen
Soll den Unterricht nicht stören
Mit Faxen und mit Geistesblitzen
Mitschüler nicht betören

Derweil in Ruhe die Lehrerin
Lieblingsschülern sich wendet zu
Schaut niemals zu mir hin
Sie kümmert nicht was ich tu

Manchmal habe ich Probleme
Weil ich Brillenträger bin
Das Tafelbild zu sehen
Schau ich lieber dreimal hin

Aufgaben löse ich ganz fix
Bin fertig bevor andere beginnen
Trage mein Blatt zur Lehrerin
Sie schaut und nickt und sagt - nix

Ich möcht dich in die Arme nehmen
Sagen du bist ein toller Knabe
Ehrlich von mir selbst erzählen
Auch ich saß auf der Eselsbank

Worauf solche Buben saßen
Die öfter kess und vorlaut waren
Wie du war ich sehr helle
Lernte alles auf die Schnelle

Sollst meinen Rat nun hören
Wie bisher lerne übe fleißig
Sei aufmerksam und freundlich
Deine Lehrerin wird dich mögen

Land der Geschichten

Kleine Liesel schön und klug
Eines Jägers jüngste Tochter
Ist Menschen und Tieren gut
Trifft Freunde in der Grotte

Tauschen täglich Geschichten
Märchen Sagen und Gedichte
Vorlieben sind verschieden
Was immer die Freunde lieben

Der Kobold liebt den Scherz
Der Rabe Trauer und Schmerz
Der Fuchs Witz und Schläue
Liesel mag Liebe und Treue

Auch heute ein solches Treffen
Vorzutragen ihre Werke
Sich dichterisch zu messen
Und das beste auszuwählen

Im Hintergrund der Grotte
Wird geöffnet eine Pforte
Die sie bisher nicht gekannt
Grelles Licht aus fremdem Land

Ein Bär lädt freundlich ein
Bittet sie zu treten ein
In das Land der Geschichten
Ein Land der Denker und Dichter

Ich höre euch schon lange zu
Die ihr schöne Sachen schreibt
Alles wohlgeformt und klug
Bitt euch zu treten ein

Die Freunde bleiben eine Weile
Sie zeigen gern ihre Kunst
Haben zur Rückkehr keine Eile
Stehn im Land in hoher Gunst

Im Osten die Sonne hell erglüht
Vögel stimmen an ihr Morgenlied
Die Freunde öffnen ihre Augen
Hatten einen wunderschönen Traum

Schlaflied

Stille senkt sich nieder
Schwer sind meine Augenlider
Draußen wird es Nacht
Liebe meinen Schlaf bewacht

Dunkle Nächte fürcht ich nicht
Wenn Mond am Himmel scheint
Und mir süße Träume schickt
Dann schlaf ich ruhig ein

Ich wähne mich auf einem Kahn
Der übern See zieht seine Bahn
Sanfter Südwind Wellen treibt
Plätschern an der Gondel leis

Übers Wasser Lieder klingen
Ans Ohr die mir vertraut
Im Schlafe mit zu singen
Immer schon hat mich erfreut

Sternenträume

Du träumst sehr viel
Viel zu viel
Dieses zu mir sagten
Lehrer Eltern und die Paten
Ich kann gar nichts dafür
Jeder Traum mich entführt
Hinaus aus dieser Enge
Trotz aller Reden oder Strenge
   Frei als stolzer Adler
   Fliegen über hohe Berge
   Wie der flinke Wanderfalke
   Pfeilschnell Beute jagen
   Wie ein Hirsch durchstreifen
   Dichte Wälder grüne Weiden
   Als Meteor zu Gestirnen rasen
   Über Millionen Jahre
   Am Ziel heiß verglühen
   Uns Menschen Glück verkünden
Ein Netz aus Geschichten spinnen
Wie Wasser aus der Quelle rinnen
Verse - Früchte meiner Fantasie
Ich kann es nicht lassen nie nie
Seh Geschichten selbst in Wolken
Muss meinem Stern beständig folgen

Tollpatsch

Tollpatsch ruft man mich
Weil ich so bin
Was ich berühre zerbricht
Das ganze Spielzeug ist dahin

Meine Eltern sind verzweifelt
Schmerzhaft teuer dieses Kind
Vater setzt dem Leid ein Ende
Ab sofort wird repariert

Nichts wird mehr weg geworfen
Ich werde maximal gefordert
Und hab schon viel gelernt
Merk sofort das tu ich gern

Ich darf bohren sägen kleben
Und eine neue Farbe geben
Bin selber überrascht - Erfolg
Habs leider vorher nicht gewollt

Spielzeug für die ganz Kleinen
Schenke ich jetzt andren Kindern
Und alle die mich kennen finden
Dass ich ein gutes Beispiel sei

Kleiner Stromer

Eilig schreiten durch Feld und Wald
Dunkel wird es schon bald
Am Himmel funkeln erste Sterne
Hundebellen aus der Ferne

Ich darf mich nicht verspäten
An diesem besonderen Tag
Wenn der grimmige Ruprecht
Kommt mit seinem Sack

Bin zu Haus zur rechten Zeit
Da läuten schon die Glocken
Schlüpfe flugs ins Haus hinein
Eiskalt von Scheitel bis Socken

Stromer nennt mich die Mama
Bist vom Streifzug wieder da
Hinter mir klopft wer an das Tor
Ruprecht mit Schlitten steht davor

Kommt herein mit Sack und Pack
Teilt freundlich seine Gaben aus
 Du gibst kleinen Vögeln Nahrung
 Schützt Frösche und Salamander
 Rettest Rehkitz und kleine Hasen
 Schenkst Insekten ein Haus
So sprach würdevoll der bärtige Alte
Lud mich zu Besuch ins Weihnachtsland

Dorf hinter den Sternen

Weit hinter goldenen Sternen
Ein märchenhaftes kleines Dorf
Kleine Menschen leben dort
Glücksbringer in weiter Ferne

Pumbärchen heißen die Wesen
Weil sie klein sind und pummelich
Alte und junge niedlich anzusehen
Die hilfsbereit und fleißig sind

Pumbärchen zu dir kommen
Im Schlaf in deinen Traum
Kannst auf ihre Hilfe bauen
Wenn dir böse Geister drohen

Eltern sind sehr traurig
Dein Zimmer ist nicht ordentlich
Pumbärchen sind zu Stelle
Schaffen Ordnung schnelle

Wenn dich mal Sorgen quälen
Kannst auf schnalle Hilfe zählen
Rufe Pumbärchen nur herbei
Bist am Morgen sorgenfrei

Schräge Buben

Zwei kleine Buben
gleichen Alters
meistens lustig
manchmal albern
Zusammen ziehen sie
Durch alle Gassen
Wenn jemand schimpft
Zeigen sie Grimassen
Täglich neue Streiche
Ideen gehen nicht aus
Was Hans nicht weiß
Kennt der Klaus
Leute sagen frei heraus
Wie der eine heißt
Sieht der andere aus

Wenn im Dorf etwas passiert
   Gartentüren ausgehängt
   Baldrian vorm Haus geträufelt
   Katzen im Mondschein heulen
   Zur Unzeit Glocken läuten
   Schuhe mit Nachbarn vertauscht
   Klingelparty an jedem Haus
Weiß jeder ob groß ob klein
Das konnten nur die beiden sein
Und sah ihnen die Streiche nach
Weil doch jeder alte Großpapa
In seiner Kindheit Lausbube war

Elster Pavian und Faultier

Der hochmütige Pavian

Ein junger stolzer Pavian
Prahlt so furchtbar gern
Meint er käme groß voran
Wenn er eine Sprache lernt

Löwisch wäre wunderbar
Denn wer des Königs Sprache kann
Ist als Affe ein gefragter Mann
Für die Mädels absoluter Star

Er bittet den weisen Marabu
Ihm zu gewähren Unterricht
Fauchen brüllen kann er nun
Weiter kommt er leider nicht

Das Studium hat er hingeschmissen
Bei den Mädels ist er abgetan
Beim Pascha hat er auch verschissen
Nun er will weg der stolze Pavian

Unbeeindruckt von der Schande
Zieht er brüllend durch die Lande
Die Löwen haben es vernommen
Und gehörigen Appetit bekommen

Dem König aber kommt er zu nah
Der flugs mit einem Satze
Schlägt zu mit seiner Tatze
Frisst den Pavian mit Haut und Haar

Der Pascha liest die Totenmesse
Vor dem versammelten Volk der Affen
Mit Halbwissen ist kein Staat zu machen
Und der Hochmütige wird gefressen

Die Eule auf Reisen

Die Eule wartend lauschend
Auf ihrem alten Ansitzbaum
Sie fliegt los wenn's raschelt
Auf Beutefang man hört sie kaum

Auf Jagd fliegt sie in jeder Nacht
Wo sie Mäuse Frösche Falter erhascht
Selbst Blindschleichen und Ratten
Wie's von Alters her ihre Eltern taten

Doch eines Nachts fängt sie zu grübeln an
Überlegt und fragt *Muss das so bleiben*
Am Tage schlafen und beim Mondschein jagen
Ich werde alle Tiere hier um Rat befragen

Der Lux meint *Überleg dir das genau*
Der Bär *Liebe Freundin ich weiß es nicht*
Die Krähe krächzt *Du bist doch schlau*
Die Gans *Flieg südwärts wie der Kranich*

Kurz entschlossen fliegt die Eule
Über Berg und Tal Wälder und Felder
Landet schließlich in heißer Steppe
Wo ein Affe sitzt auf einem Felsen

Der Affe will sie greifen am Schwanz
Sie reißt sich los verliert Federn
Und das bevor sie etwas fragen kann
Den muss ich meiden sagt sie zeternd

Sie fliegt weiter bis sie die Schlange trifft
Die mit dem Schwanze rasselt und drohend zischt
Kommst du mir nahe Fremde erwürg ich dich
Spricht diese - die Eule schnell entflieht

Ein Spinnentier entdeckt sie gleich darauf
Das einen Käfer jagt Das Tier ist ein Skorpion
Mit giftigem Stachel die Eule ahnt es schon
Das wird mir zu bunt ich kehr nach Haus

Sie findet ihn wieder ihren Ansitzbaum
Und denkt *das war ein schlechter Traum*
Sie beginnt die Einsicht zu gewinnen
Du musst dich auf dich selbst besinnen

Den Menschen ist das Sprichwort eigen
Der Schuster soll bei seinem Leisten bleiben

Das Faultier

Ameisenbär und Wasserschwein
Krallenaffe und Papagei
Riesenotter und Fledermaus
Zusammen bauten sie ein Haus

Sie wollten nun gemeinsam jagen
Die ganze Beute nach Hause tragen
Am ersten Tage gaben sie sich Mühe
Ein jeder half den Kessel füllen

Am zweiten Tag gab es ersten Frust
Das Wasserschwein hatte keine Lust
Nur zur Hälfte war der Kessel voll
Die übrigen fanden das nicht toll

Am dritten Tag wars besonders schlimm
Der Kessel war leer nichts war drin
Alles aufgefressen vom Wasserschwein
Die anderen schauten wütend drein

Bei der Schlange erhoben sie die Klage
Das Urteil fiel am gleichen Tage
Das Wasserschwein soll ein Fluch begleiten
Auf Ewigkeit soll der ihm Pein bereiten

Es soll nun den Namen Faultier tragen
Im Baume hängend wenig essen alle Tage
Wenn niemand kommt es zu erlösen
Muss es ewig hoch da droben dösen

Schein und Sein

Übern Hof stolziert der Hahn am frühen Morgen
Scharrt im Mist kräht und wetzt die Sporen
Weil ich der Allergrößte bin und alles kann
Bin ich der neue Chef und geb den Ton jetzt an

Schaf und Ziege meckern laut das heißt *Hau ab*
Die Ziege senkt die Hörner und schubst den Hahn
Das hat leider nicht geklappt denkt er nun
Und wendet sich den anderen Tieren zu

Die Kuh schaut den Hahn ganz freundlich an
Und muht und brummt und kaut und frisst
Verliert einen Fladen wie das bei Kühen ist
Der Hahn läuft schnell davon total bespritzt

Hund und Kater genervt von dem Gezeter
Der Hund bellt laut und fletscht die Zähne
Der Kater zeigt die Krallen und flucht
Schnell der Hahn das Weite sucht

Das Schwein als Philosoph bekannt
Fragt verächtlich ist das wirklich wahr
Es lässt den Gockel einen Gockel sein
Dreht sich um und zeigt sein Hinterteil

Nur die Hennen lieben ihren stolzen Hahn
Der scharrt kräht aber keine Eier legen kann
Kennt keinen Unterschied von Schein und Sein
Auf diesem Hof ist Boss der Bauer ganz allein

Kopf voller Stroh

Der Löwe der König hier im Land
Will einen Kanzler neu bestellen
Es drängt und er verkündet sodann
Er möcht den Allerbesten wählen

Der Affe will nicht lange säumen
Den beliebten Biber zu verleumden
Der keinen Adel habe sowieso
Und im Kopf überhaupt nur Stroh

Der Biber hört's mit viel Geduld
Geht emsig seiner Arbeit nach
Schließlich trifft ihn keine Schuld
Dass der Affe keinen Anstand hat

Der König beruft den Hoftag ein
Die Versammlung aller Tiere
Und fängt gleich mit der Frage an
Wer wohl der Klügste sei im Land

Der Affe hebt gleich an zu schrein
Ich allein bin tauglich für das Amt
Weil ich der Beste und der Klügste bin
Der König lächelt mild und winkt ab

Der Biber atmet durch und spricht
Der König ist's der klug regiert
Der Bauer der das Volk ernährt
Der Handwerker der alles richtet

Der König nun verkündet allen
Hiermit ist die Wahl gefallen
Der Biber soll unser Kanzler sein
Das Amt gebührt dem Fleißigen allein

Hass und Liebe

Der Truthahn zeigt sich als Bösewicht
Ist spinnefeind mit allen die er kennt
Er wetzt die Sporen wen er auch trifft
Und droht - sein Hass furchtbar brennt

Biber Dachs Esel und der Ochse
Fuchs Habicht Kater und Ziege
Und Lux sind beleidigt und betroffen
Auch Leo Herrscher aller wird bedroht

Die Eule meint die Tiere solln sich treffen
Mit dem Truthahn über sein Verhalten sprechen
Eine Friedenslösung ist auch bald gefunden
Denn die Kuh die mütterliche sagt unumwunden

Der Truthahn ist krank am Körper und an Seele
dazu Liebe und Freundlichkeit die ihm fehlen
Lasst uns den Truthahn heilen und Liebe geben
Das wird ihn zu guter Nachbarschaft bekehren

Gesagt getan die Stimmung im Dorfe ändert sich
Der geheilte Truthahn begegnet jedem freundlich
Hilft wo es nötig ist und will nie mehr streiten
Weil niemand vergilt gleiches mit gleichem

Seelenkrankheit der Reichen

Der Lux sehr jung geht auf Wanderschaft
Beim Vater dem Brahmanen hat er gelernt
Lesen Schreiben Meditieren und Fasten
Mit dem Freund zieht er nachts in die Ferne

Viele Jahre dauert seine Pilgerreise
Gewinnt Lebenserfahrung und Geistesgaben
Tugend Charakter Charisma sind ihm eigen
Einsamkeit und Schmerz lernt er ertragen

Eine Kurtisane trifft er in einer Stadt
Lernt viel von ihr über Leben und Liebe
Sie wünscht dass er lange bei ihr bliebe
Sie verwöhne jeden Tag und in der Nacht

Auch Bruno trifft er hier den reichen Bären
Lernt bei ihm Gewürze handeln Geld vermehren
Der Reichste ist er bald im ganzen Land
Führt ein Leben das er vorher nie gekannt

Den Reichen fühlt er sich stets überlegen
Denn Unzufriedenheit Kränklichkeit Missmut
Trägheit Lieblosigkeit bestimmt ihr Leben
Für ihre Seelenkreinheit hat er Hohn und Spott

Der Lux wird von dem Laster nicht verschont
Krank machen Wein Trägheit und Würfelspiel
Der Verlust seiner Geistesgaben spürt er schon
So verlässt er diese Stadt unbekannt das Ziel

Verlassen hat er Bruno und die Favoritin
Will auf der Wanderung Weisheit finden
Geistige Größe Menschlichkeit und Weisheit
Können in Luxus und Reichtum nicht gedeihen

Hase in der Backmolle

In den Bergen schmelzen Eis und Schnee
Jung und Alt singt freudig *Winter ade*
Im Tal treten Fluss und Bäche über die Ufer
Die Felder und Wiesen werden überflutet

Maus und Maulwurf suchen zu entfliehen
Andere sind ertrunken es waren viele
Meister Lampe rettet sich auf einen Haufen
Steigt das Wasser weiter muss er ersaufen

Ein Bauer sieht das Unglück aus der Ferne
Und denkt sich den Braten hätt ich gerne
Aus dem Backhaus holt er die große Molle
Setzt sich hinein und paddelt zu der Stelle

Als er ankommt steigt er flugs heraus
Will dem Meister Lampe machen den Garaus
Der weicht aus springt behende in die Molle
Und legt ab Der Bauer bleibt zurück mit Groll

Jeder Landmann sollte es ja wissen
Mit Lampe ist nicht gut Kirschen essen
Trotzdem hatte Meister Lampe Riesenglück
Hämisch ruft er ein Spottgedicht zurück

> *Du bist ein alter Bauer*
> *Glaubst du wärst ein schlauer*
> *Einen Hasen wolltest du fangen*
> *Bist selbst ins Netz gegangen*

Das Geschick hat dich verlassen
Jammerst nun umringt von Wasser
Dein Herz ist voll von Kummer
Du trauriger kleiner Dummer!

Hylax als Ordnungshüter

Der Hylax ist ein Patron
Den unter Nachbarn keiner mag
Streit bricht er vom Zaun
Früh bis spät an jedem Tag

Vorschriften macht er jedem
Was der soll tun oder lassen
Dem Bösen ist Einsicht fremd
Kann immer nur eines - hassen

Keiner hat ihn autorisiert
In kein Amt ist er gewählt
Angemaßt hat sich ungeniert
Was zu Hoheitsrechten zählt

Der Katze will er verwehren
Im Heu die Jungen zu verstecken
Die Kuh soll ihr neues Kälbchen
Nach der Geburt nicht lecken

Der Hahn darf früh am Morgen
Die Hofbewohner nicht wecken
Die Ziege mit ihren Sorgen
Denkt Hylax soll nicht meckern

Dem Esel ist der Spuk zu viel
Verpasst dem Hylax einen Tritt
Zum Nachbarhof flieht er dann
Kommt er da besser an?

Neunmalklugs Besserung

Ein kleiner Besserwisser frech
Der große und kleine Tiere neckt
Und gerne hier im Walde spukt
Ist der junge Rabe Neunmalklug

Wer die eigene Größe überschätzt
Und andere Tiere sehr verletzt
Wo er erscheint den Krösus mimt
Ist bei Waldbewohnern nicht beliebt

Ein Elsterküken fällt vom Nest
Da fasst sich Neunmalklug ein Herz
Das Küken wird von ihm gerettet
Und fein im Elsternest gebettet

Neunmalklug jetzt der Held im Wald
Vom Elsternpaar bekommt er Dank
Von allen Tieren hört jetzt er Lob
Und Uhu gibt ihm Unterricht als Lohn

Seitdem gibt's Neunmalklug nicht mehr
Der kleine Rabe steht in hohen Ehren
Er weiß Hilfe geben macht gescheit
Glücklich machen Tugenden und weise

Ein jedes Tier besinne sich
Was es am allerbesten kann
Warnen fliegen schwimmen
Stechen beißen und kratzen

Und wenn alles gar nicht hilft
Dann stellt euch schnell zusammen
Ruft laut und lärmt und schreit
Vielleicht rennt der Feind von dannen

Drohen Hunger Krankheit oder Gefahr
Gemeinschaft ist für alle stark
Schon früher wussten das die Alten
Und so müsst auch ihr es halten

Angst

Was tun wenn ein Untier naht
Wenn es wütend heult und brüllt
Und durch das Dickicht bricht
Voller Sorgen halten Tiere Rat

Allein ist jedes Tier zu schwach
Zu trotzen Wolf Lux und Adler
Ob Taube Fink Reh und Dachs
Ob Ente Hamster Igel und Hase

Die Eule ist die Klügste hier
Die solltet ihr jetzt fragen
Über alle Tiere weiß sie viel
Und wird euch gut beraten

Ein jedes Tier besinne sich
Was es am allerbesten kann
Warnen fliegen schwimmen
Stechen beißen und kratzen

Und wenn alles gar nicht hilft
Dann stellt euch schnell zusammen
Ruft laut und lärmt und schreit
Vielleicht rennt der Feind von dannen

Drohen Hunger Krankheit oder Gefahr
Gemeinschaft ist für alle stark
Schon früher wussten das die Alten
Und so müsst auch ihr es halten

Fürsorge

Ein junger Spatz
Dem elterlichen Nest
Gerade erst entflogen
Sucht Futter auf dem Boden

Dem Fuchs geht er auf den Leim
Jener legt klebrige Ruten aus
Den kleinen Kerl zu fangen
Eingesperrt in einen Käfig
Hängt Spätzlein in nun im Baum
Da tschilpt er nun kläglich
Schaut sich nach Hilfe um

Mutter Spatz hat es bemerkt
Flugs pickt sie Körner auf
Fliegt hinauf zum Käfig
Den Gefangenen zu atzen
Der Hunger ist zu Ende
Weil Mama ihm Nahrung bringt

Der Fuchs sieht es nun ein
Und lässt das Spätzlein frei
Nun fragen sich die Tiere
Wie das im andern Falle sei
Wenn Mutter Spatz gefangen
Und Spätzlein wäre frei

Drum hört nun diese Mahnung
Die ihr noch Eltern habt
Auf ihr Befinden gebt gut acht
So wie sie es immer taten
Als ihr noch Kinder wart

Elster und Kater

Ein Kater eben eine Maus gefangen
Wollte in Ruhe Ruhe sie verzehren
Frau Elster und zwei Schwestern
Trachteten die Beute zu erhaschen

Über der Stelle wo der Kater saß
Saßen sie hoch auf dem Dache
Krächzten und schimpften und lachten
Doch der Kater ruhig weiter fraß

Er ließ sich nicht beirren
Wurde auch kein bisschen kirre
Im Geheimen fasste er den Plan
Wie er baldigst Rache üben kann

Im Nachbargarten zwischen Stauden
Legte sich der Kater auf die Lauer
Das Warten war von kurzer Dauer
Kam Frau Elster um zu schmausen

An Vogeltränke und Futterstelle
Wo die Elster Körner fraß
Dabei die Aufmerksamkeit vergaß
Der Kater packte zu - das wars

Ein letztes Krächzen Federwolke
Es lief so wie der Kater wollte
Etwas abseits unter einem Strauch
Fraß er den gerupften Vogel auf

Verstreut schwarz-weiße Federn
Auf Blumenrabatten und Rasen
Zwei Monde lagen sie zur Mahnung
Mit dem Kater sich nicht anzulegen

Wer dem Katzenvieh das Frühstück neidet
Wird selbst gefressen schon beizeiten

Bumerang

Junge Affen die sehr sportlich
Sind zum Wettkampf aufgerufen
Der Pascha spendiert den Preis
Siegerkranz für den besten Wurf

Einen gibt es unter den Affen
Den man als Schlitzohr kennt
Der nun zum Zauberer rennt
Sich ein Mittel zu beschaffen

Er trinkt es aus ohne Rest
Ist sich sicher dass er siegt
Im Training ist er der beste
Gilt als absoluter Favorit

Zum Start geht jetzt die Riege
Jeder gibt sich große Müh
Wirft den Bumerang mit Gefühl
Aber keiner die Mitte trifft

Der Letzte aufgeregt ganz rot
Wirft mit Kraft den Bumerang
Trifft sich selber zielgenau
Und ist nun leider mausetot

Das Zünglein an der Waage

Tiere das Waldes halten Rat
Und schmieden einen Plan
Einen Platz wollen sie gestalten
Foren Sport und Feiern abzuhalten

Das Was und Wie ist längst klar
Strittig ist nur noch der Platz
Zwei gute Stellen stehen zur Wahl
Nahe Felsengrotte - oder im Tal

Ins Tal wollen Biber und Schwein
Finden Teiche und Suhlen fein
Zur Grotte wollen Fuchs und Hirsch
Da die Lichtung dort romantisch ist

Was sie auch tun es bleibt dabei
Das Verhältnis immer zwei zu zwei
Der Uhu den Streit entscheiden soll
 - Auch er findet die Grotte toll -

Biber und Schwein finden's ungerecht
Des Uhu Schiedsspruch sei schlecht
Da stellt der Uhu diese Frage
Wer ist das Zünglein an der Waage

Verbitterung

Mein Freund du siehst traurig aus
Was macht dich so verbittert
Will der Dachs vom Biber wissen
Derselbe fängt gleich zu klagen an

Zehn Bäume habe ich heut gefällt
Den neuen Damm im Fluss errichtet
Viel Erde auf den Damm geschichtet
Fische in den neuen Teich bestellt

Der Wolf beschimpfte mich ganz laut
Hätte sinnlos meine Zeit vergeudet
Sollte endlich seine Behausung säubern
Derweil er lag auf der faulen Haut

Der Bär der heimlich alles angehört
Ruft sogleich den Wolf herbei
Schändliches hör ich allerlei
Dein Tun hat mich zutiefst empört

Und verkündete sogleich die Strafe
Des Bibers Helfer sollst du sein
Einen Mond lang und alle Tage
Dämme bauen und Bäume schlagen ein

Und solltest du es nochmal wagen
Den fleißigen Biber anzugreifen
Und auf alle Regeln pfeifen
Werden wir dich aus dem Tale jagen

Katzenhochzeit

Schwarze Minka roter Murr
Feiern Hochzeit heute Nacht
Anstandsdame Felia-Schnurr
Ist auf Stimmung sehr bedacht
Feiern heftig feiern laut
Der Kater und seine Braut
Das ganze Katzenvolk ist hier
Und auch anderes Getier
Es krächzen angeregt die Raben
Die sich beim Festschmaus laben
Amseln Stare ganz laut schmatzen
Brosamen picken auf die Spatzen
Die Runde machen Schnaps und Bier
Beste Weine Sekt reicht man hier
Wenn Morgenröte stellt sich ein
Macht sich die Gesellschaft heim
Torkeln Hügel rauf Hügel runter
Wer nicht kann den hakt man unter
Singt dabei schlechte Lieder
Und wiederholt sie immer wieder
Zu Hause packt man sich ins Nest
Es war halt doch ein schönes Fest

Adebar

Jedes Jahr im April
Wenn es das Wetter will
Kommt der liebe Klapperstorch
Zurück in unser Dorf
Auf seinem Nest hoch oben
Stehend auf einem Bein
Wir Kinder wollen ihn loben
Die Tradition es will
Rufen im Chor den Reim
Storch Storch bester
Bring uns eine Schwester
Und verharren still
Wir Kinder lang schon wissen
Der Storch bringt nie Geschwister
Auch wenn uns Mama flüstert
Der Storch hat mich gebissen

Graziös und würdevoll
schreitet Adebar
Zwischen Schilf und Reet
Mit Scharfem sicherem Blick
Unglaublichem Geschick
Und zielsicherem Schnabelhieb
Greift er Frosch und Lurch und Maus
Und zieht aus kleinem Tümpel
kleine Fische heraus
Schon sieht man ihn fliegen
Schnabel Hals Körper Beine
Elegant in einer Linie
Das Nest im Dorf sein ziel

Frau Störchin freudig wartend
Die auf vier Eiern brütet
Bald die Küken gut behütet
Wirft Kopf und Schnabel
Weit nach hinten nach Storchenart
Und klappert klappert klappert

Dank euch die ihr Störche liebt
Adebar den Segensbringer schützt
Als die Ziegelei ward eingestellt
Habt den Schornstein ihr bewahrt
Und gabt ein großes Wagenrad
Für ein Storchennest als Unterbau
Reisig flugs herbei geschafft
Auf dem Rad fest gerafft
mit Draht fest und sicher
Gut bereitet nun das Nest
Riesengroß die Freude war
Denn schon im allerersten Jahr
Das Nest als Heimstatt nahmen
Frau und Herr Adebar

Ungleiche Freunde

Als Storch am Himmel schweben
Gemächlich und scharfer Blick
Der Biber das Wasser liebt
Dennoch sind sie Freunde
Und werden es lange sein
Sie lernten sich kennen
Als sie die Neugier trieb
Fanden sich sympathisch
und die Freundschaft blieb
Sehen sich fast täglich
Stehen am Ufer vis-à-vis
Erzählen sich Geschichten
Die nie ein Dichter schrieb
Sie erzählen was sie sehen
Bei allem was sie tun
Vom ersten Hahnenkrähen
Bis nachts wenn alle ruhn
Ich möchte gerne lauschen
Dann könnt ich euch berichten
Doch stört des Baches Rauschen
Und ich kann nichts verstehen

Zänkerei

Eichelhäher und der Rabe
Führen eine Streit
Wer wohl der Klügste sei
Größter hier im Wald

Sie streiten schon lange
Zu jeder Gelegenheit
Um jeden kleinen Happen
Zum Teilen nicht bereit

Immer wird laut gestritten
Zu hören im ganzen Wald
So dass die Fetzen fliegen
und vom Berge widerhallt

Weil auch andre mögen Streit
Ergreift man schnell Partei
Dann gibt es auf der Lichtung
Die große Massenkeilerei

Den Uhu ruft man nun herbei
Dass den Zwist er schlichte
Und die Annalen berichten
Dass sein Wort erfolgreich sei

Die ihr um Brosamen streitet
An Seele und Leib verletzt
Kein Vorteil aus Streit erwächst
Und der Frieden im Walde leidet

Zu neuem Denken fasst jetzt Mut
Gemeinschaftsarbeit täte gut
Wirkt jeder für des Waldes Wohl
Sind die Speicher aller voll

Kamingeschichten

Falsches Mitleid

Ein Mann der unglücklich und hoffnungslos
Ging zögernd ohne Ziel in das Nirgendwo
Ein Kobold stand plötzlich am Wegesrand
Der hielt einen kleinen Beutel in der Hand

*Was jammerst du zum Steinerweichen
Traf dich ein Unglück ohnegleichen?
Meine Liebsten verlor ich* sprach dieser
Haus und Hof Äcker und Wiesen

Der Kobold sprach *Ich will Mitleid mit dir haben
Dein Unglück hat ein Ende mit des Beutels Gaben*
Mit einem schauderhaften Kichern husch
Verschwand der Kobold hinterm Busch

Ratlos starrt' der Mann vor sich hin
War ihm soeben großes Glück geschehen
Er schaut' in den Beutel und musste sehen
Leider war nur Schadenfreude drin

Ein altes Wort geht mir durch den Kopf
Das Gleichnis vom Schaden und vom Spott

Der Schatz des Isolani

Im Kriegsjahre sechzehnhundertvierunddreißig
Man schrieb den sechzehnten Tag im Oktober
Ging in Suhl als *Gallustag* und die Chronik ein
Isolani kaiserlicher Hauptmann seines Zeichens
Überfiel die Stadt mit seinen kroatischen Horden
Zum Rauben Vergewaltigen Brennen und Morden

Viel Raubgut Gold Silber Schmuck und Waffen
Aus heimgesuchten Orten kam in Isolani's Kassen
Aber in diesen waren die Schätze nicht sicher
Gedungene Söldner die Reiter die schrecklichen
Waren keine Ehrenmänner bestahlen helllichten Tags
Den Hauptmann was man nicht glauben mag

An der Suhler Leube gut versteckt am Waldessaum
Vergrub man ein Fass unter einem großen Baum
Als das Schlachten zu Ende ging nach vierzehn Jahren
Stiegen Bergleute hinauf nach dem Schatz zu graben
An bezeichneter Stelle gruben sie mit Eifer
Doch vom Fass fanden sie nur verrostete Reifen

Ist das so

Einst lebte im fernen Japan Hakuin
Ein Zenmeister und sehr weiser Mann
Unter Buddhisten genoss er viel Ruhm
Wie dies ein Erleuchteter nur kann

Ein junges Mädchen in der Nachbarschaft
Sie war schwanger ihre Eltern aufgebracht
Ihr Vater schlug sie wollt' sie strafen
Ängstlich nannte sie des Mönches Namen

Der Vater stellte Hakuin zur Rede voll Zorn
Doch *Ist das so* war alles was der sagte
Des Zenmeisters Ansehen nahm großen Schaden
Der nahm das Kind auf wie den eigenen Sohn

Viele Leute gaben Milch Reis andere Spenden
Das Kind wuchs auf wurde ein munterer Knabe
Mit mütterlicher Reue und Liebe kam die Wende
Das Mädchen gestand die Wahrheit seinem Vater

Das Mädchen fand mit dem Geliebten ihr Glück
Und freudig holte sie ihr Kind zurück
Um Vergebung sucht' der Vater beim Mönche nach
Doch *Ist das so* war alles was der sprach

Zwei Nixen vom Hautsee

Das Kirmesfest das auch Kirchweih heißt
Wird gefeiert in allen Dörfern landesweit
Auch im thüringischen Dönges ist es Tradition
Wo einst zwei Mädchen tanzten wunderschön

Es wurde gescherzt getanzt und gelacht
Und sie entschwanden pünktlich zu Mitternacht
Am zweiten Abend kamen sie dann wieder
Tanzten lachten und sangen schöne Lieder

Ein Bursche hielt sich für besonders schlau
Als er seiner Tänzerin die Handschuhe stahl
Hoffte sie bei sich zu halten über Nacht
Die Folgen sein Tuns hatt' er nicht bedacht

Angstvoll suchten die Mädchen in allen Ecken
Konnten die Handschuhe nirgendwo entdecken
Panisch verließen sie mitternachts den Saal
Stürzten in den Hautsee im Antlitz Qual

Am nächsten Tag eine schreckliche Kunde
Der Hautsee ist von Blut ganz rot
Angst macht in Dönges ihre Runde
Ein Nix schlug seine Töchter beide tot

Die Sarazenin

Einst zog mit einem ritterlichen Heer
Graf von Henneberg ins Morgenland
Nahm dort einer schönen Jungfrau Hand
Auch diese liebte ihn ganz sehr

Viele Monde lebten sie zusammen
Bis der Heerbann wieder heimwärts ritt
Die Stunde der Trennung war gekommen
Er schwor ihr Treue Tränen zogen mit

Nach des Liebsten heißen Küssen
Stellte sich bald Sehnsucht ein
Sie wollte nicht den Geliebten missen
Wollte auf ewig bei ihm sein

Mit Geschmeide Gold gings auf die Reise
Zu Pferd in das ferne thüringer Land
Wo sie endlich glücklicherweise
Die stolze Burg der Henneberger fand

Erschöpft ritt sie im Städtchen Vessra ein
Und hört' ringsum Kirchenglocken läuten
Einen Bauern fragte sie was das sei
Graf von Henneberg macht Hochzeit heute

Hält so sein Wort ein Ritter
Ihre Enttäuschung klang sehr bitter
Eine Sarazenin kann nicht gut verzeihen
Meine Rache wird ganz furchtbar sein

Die Äbtissin im Kloster fragte sie um Rat
Die riet ihr ab von einer solchen Tat
Den Untreuen zu töten mit dem Dolch
Und die Braut die auch nicht leben sollt

Zu Füßen musst du den Dolch dem Grafen legen
Riet die Äbtissin und sprach den Segen
Wenn du das Paar gesehen hast Aug in Aug
Wirst du wissen was dir Ruhe schafft

Den Rittersaal betrat sie noch höchst erregt
Mit einem Herzen das bis zum Halse schlägt
Sie sah das Brautpaar strahlend vor Glück
Die Liebe kehrte in der Sarazenin Herz zurück

Den Dolch hieb sie in der Türe Rahmen
Begehrte Einlass an des Klosters Pforte
Bitte nehmt mich auf als Nonne
Sei uns willkommen in Gottes Namen

Die Schöne zu suchen ritten Boten ins Land
Aber niemand eine Spur von ihr fand
Doch das Wappen Hennebergs zierte seitdem
Der Sarazenin Bildnis die war sehr schön

Frau Holla und der Bauer

Frau Holla fuhr mit ihrem Wagen
Ein Bauer stand am Wegesrand
Eine Axt trug er in der Hand
Den Wagen verkeilen oder verschlagen
Bat Frau Holla den ängstlichen Mann
Der tat wie ihm geheißen und fing an

Die Arbeit war schon bald getan
Frau Holla sprach ihm großen Dank
Er möge all die Späne raffen auf
Als Trinkgeld nehmen mit nach Haus
Ihm schien es nutzlos ohne Zweck
Doch in der Hütte kam der Schreck

Keine Spur von Spänen fand er vor
Aber aus purem Gold wenige Körnlein nur
Zurück zu der Stelle eilte er
Fand leider keine Späne mehr
Da er Frau Holla nicht vertraut
Ging er ohne Lohn nun aus

Ottilie

Von Zeit zu Zeit habe ich einen Traum
Am Suhler Domberg sitze ich an einem Baum
Im Mondschein eine schöne Jungfrau
Die Haare von Gold die Augen strahlend blau
Die Lippen blutrot aus Seide ist ihr Gewand
Eine rote Rose trägt sie in ihrer Hand

Auf einem Felsen kniet sie nieder
Und weint um ihren Bräutigam
In Strömen ihre Tränen fließen
In starkem Fluss den Fels hinab
Salzkristalle leuchten wie am Tage
Künden von der Jungfrau Klage

Am Fuß des Berges eine heilende Quelle
Sie trägt den Namen der Jungfrau vom Felsen

Schatz bei den Toten Männern

Für Feuerholz einen Stock zu roden
Ging einer Suhler einst in den Wald
Hinterm Domberg ganze weit oben
Fand er einen der ihm gefallen

Sogleich fing er zu graben an
Und hatte ihn bald schon frei
Doch von der Lichtung nebenan
Hoppelte ein Häslein herbei

Durch Kratzen gab das Häslein Zeichen
Die Grube müsst' noch tiefer reichen
Denn hier an eben diesem Platz
Sei vergraben ein großer Schatz

Der gute Mann grub auch gleich tiefer
Da lähmte ihn ein Schlag ein derber
Das hieß erst in sieben Jahren wieder
Könnte er den Schatz dann bergen

Als die sieben Jahre endlich abgelaufen
Schloss für immer der Mann die Augen
Kein Mensch hat die Suche mehr gewagt
Der Schatz ist verborgen bis zum Tag

Rhön-Paulus wird beschenkt

In der Rhön lebte einst ein Rebell
Rhön-Paulus so wurde er genannt
Der war schlau und auch sehr schnell
In der ganzen Rhön war er bekannt

Mit dem Teufel im Bund sollt er sein
Kaum gerufen stellte sich Paulus ein
Rhöner waren oftmals wie gebannt
Wenn sie Paulus in die Quere kamen

Amtsleute und Büttel waren bas entsetzt
Sooft sie den Rebellen hatten eingefangen
Waren Schlösser gebrochen Ketten zerfetzt
Paulus über höchste Mauern abgegangen

Ein Glattbacher Bauer geizig und sehr reich
Für sechs fette Ochsen er viel Geld bekam
Sein ungeratener Sohn wollte davon haben
Nicht erst später sondern bitte gleich

Bevor ich dir Nichtsnutz davon etwas gebe
Sollte es besser Paulus an sich nehmen
Zum Fenster hielt der Bauer den Sack hinaus
Rhön-Pauls ergriff den Sack und nahm Reißaus

Der Taugenichts vom Hörselberge

Ein Säufer Tagedieb auch Lump genannt
Machte Bauern und Bürgern arg zu schaffen
In vielen Dörfern und auch in Eisenach
Diebstahl Lug und Trug an jedem Tag

Am Hörselberge trieb er sich öfter rum
Hatte dort wohl seinen Unterschlupf
Immer wenn Leute Klage führen wollten
Drohte der Taugenichts mit Frau Holla
Dass er nach Frau Holla's Willen handele
Und sie seine Widersacher all bestrafe

Als Frau Holla vorbei kam mit dem Wagen
Gab sie ihm Prügel und sprach
Solltest zu es noch einmal wagen
Zu missbrauchen meinen guten Namen
Und ehrliche Leute schlimm bedrängen
Wirst du am nächsten Baume hängen

Der Schrecken fuhr ihm durch die Glieder
Schwor flehend ich tu das niemals wieder
Wurde ehrlich ein hilfsbereiter Mann
Nicht mehr Taugenichts Melchior war sein Name

Ettmarshäuser Gartentür

Man kennt wundersame Geschichten
Im schönen Thüringer Werratal
Von einer will ich hier berichten
Die ist will ich meinen sonderbar

Im Dorfe Ettmarshausen ein Mann
Ließ eine Tür für den Garten bauen
Für zwei Pfosten holte er den Maurer
Doch der stellte seinen Lehrling an

Die Arbeit war auch schnell getan
Da hing der Meister dieses dran
Erbaut von Maurermeister Mohr
Da war der Lehrling gar nicht froh

Beim Mondschein fügte er hinzu
Wer weiß ob's wahr ist den Spruch
Den schon bald ein jeder kannte
Und der Lügner empfindlich traf

Seitdem heißt es im ganzen Land
Wenn wer redet eine dicke Lüge
Weißt du noch was geschrieben stand
An der Ettmarshäuser Gartentür

Jiřik das Teufelchen

Im schönen Böhmerland
Vor einem alten Bauernhaus
Ein kleines Teufelchen stand
Ganz verloren sah es aus

Wie nur mag es hergekommen sein
Die Bäuerin bat es ins Haus hinein
Gab ihm Milch mit Honig und Brot
Das Kerlchen war nun frohgemut

Bäuerin Eliška den Kleinen frug
Wie heißt du und wo kommst du her
Aus der Hölle da war es nicht gut
Sie schlugen mich und schimpften sehr
Einen Namen hab ich leider nicht
Sie riefen mich nur Taugenichts

Eliška meinte Jiřik sollt er heißen
Die Familie war gleich einverstanden
  Pavel - der Bauer
  Babička - die Muhme und
  František - der Sohn
In des Sohnes Kammer zog er mit ein
Sollte Františeks kleiner Bruder sein

Jiřik liebte Tiere große und kleine
Und umsorgte alle sehr liebevoll
Fütterte Tauben Küken Schweinchen
Und fand sein neues Leben toll

Doch immer noch blieb er Teufelchen
Musste alle auf dem Hofe necken
  Dem Schafsbock gab er Eselsohren
  Den Ziegen Elefantenbeine
  Und Tauben grunzten wie Schweine
  Der Hund machte nur noch *muh*
Alle schüttelten sich vor Lachen
Und Jiřik machte alles wieder gut

Eine hatte ihn besonders lieb
Das war die alte Muhme Babička
Jederzeit war sie für ihn da
Auch wenn er schlimme Scherze trieb

Babička buk die schönsten Sachen
Brezeln Buchteln und Butterstollen
Für Jiřik war es eine Freude
Wenn er das schönste Stück bekam

Etliche Jahre waren so vergangen
Dass Jiřik bei den Menschen lebte
Innerlich spürt' er ein Verlangen
Niemals von hier fort zu gehen

Auch zaubern wollte er nie mehr
Und schon gar kein Teufel sein
Der Babička er den Wunsch gestand
Den Erlösungsspruch sie fand

Zaubermächte nah und fern
Nehmt euch meiner Klage an
Nachts schlich er sich fort
Der ein kleines Teufelchen war
Aus der Welten finsterstem Ort
Schreckliches erlebte er dort
Hass und Grausamkeit jeden Tag
Hört gute Feen und Geister
Und du großer Weltenmeister
Schenkt Menschlichkeit und Liebe
Babička bürgt für seine Güte

Jiřik nun kein Teufel mehr
Öffnete beide Arme ganz weit
Nachbars Miluša küsste ihn heiß
Die er lange schon begehrt

Sirenen

Ein Singen hör ich - leise -
Gewiss nicht weit vom Haus
Mondlicht weist mir ein Weiher
Da schauen zwei Sirenen raus

Sie schauen mich an verliebt
Und singen schöne Weisen
Überrascht dass es das gibt
Und möchte länger bleiben

Ich will näher treten
Stolpere über einen Ast
Und lande im dicksten Morast
Aus Schlamm und faulen Blättern

Finde mich wieder in meinem Bett
Keine Sirenen und kein Schmutz
Schweißgebadet Erlebnis futsch
Das find ich überhaupt nicht nett

Des Morgens geh ich in den Wald
Schnurstracks zum bewussten Weiher
Wo ich des Nachts die Sirenen sah
Stakst nun ein Reiher

Ich frage mich woher der Zauber
Von dem ich ward ausgetrickst
Von den Sirenen oder einem Nix
Nein es war nur ein Traum

Lieblingstöchter

Ein Nix dem drei Töchter geboren
Ihre Schönheit war weithin berühmt
Weil sie klug und fleißig waren
Hat der Nix abgöttisch sie geliebt

Lieblingstöchter nannte der Vater
Alle drei die wurden wunderschön
Schwammen täglich munter im See
Der war tief und voller Gefahren

Sie sangen wunderschöne Lieder
Tag und Nacht waren sie zu hören
Drei Burschen vernahmen die Sirenen
Kamen zum See immer und immer wieder

Als die Mädchen erwachsen waren
und sie ins Dorf zum Tanzen kamen
Sahen sie drei Burschen wieder
Auf der Stelle waren sie verliebt

Die Paare tanzten Arm in Arm
 Die Älteste mit einem Bauern
 Die Mittlere mit einem Zimmermann
 Die Jüngste mit einem Schmied
Sie waren glücklich wie noch nie

Die Töchter sprachen vor beim Vater
In die Menschenwelt sie zu entlassen
Erbaten Freiheit nicht Gold und Perlen
Der Vater stimmte zu mit Schmerzen

Der See der sonst rein und klar
War voll Trauer trüb und schwarz
Weil der Nix im See danieder lag
Der Töchter wegen starb vor Gram

Raunächte

Zeit der Einfalt und Ängstlichkeit
Hoch für Unwissenheit und Aberglaube
Man räuchert Häuser Ställe gießt Blei
Zündet Böller Raketen und macht Radau

Wahrsager Scharlatane und Kartenleger
Feiern einträglich Hochkonjunktur
Leute maskiert in Lumpen und mit Besen
ziehen von Hof zu Hof auf Geistertour

Regelmäßig meditieren kann hilfreich sein
Entspannt und gibt dir neue Geisteskraft
Geisterbeschwörung mystische Rituale
Traum- und Zukunftsdeutung doch vermeide

Reden mit verblichenen Verwandten Geistern
Hat keinen Sinn - nur fauler Zauber
Und außerdem gefährlicher Aberglaube
Sollst im Hier und Jetzt das Leben meistern

Dreisbach

Wüstung Dreisbach gut bekannt
Im *Kleinen Thüringer Wald*
Ein Bach und klare Quelle
Im Weiher muntere Forellen
Bergleute Köhler Holzfäller
Lebten glücklich in den Wäldern
Schlugen an jedem Tage Holz
Waren fleißig und auch stolz
Bewachten nachts die Meiler
Und kannten keine Eile
Siedeten das schwarze Pech
Das war feil für gutes Geld
Gewannen edle Steine gutes Erz
Aus Bergwerke rings umher
Glück war den Dörflern hold
Wuschen im nahen Bache Gold
Sammelten Pilze und Beeren
Waren in Gartenpflege Meister
Mit Gott und Waldes Geistern
Lebten sie auf du und du
Dann das Schicksal schlug
Über Nacht grausam zu
Wie von ungefähr
Vom Kroatenkreuze her
Sprengten marodierende Reiter
Mordgesellen schnell heran
Töteten Männer Kinder Weiber
Zündeten alle Häuser an

Nur einer blieb am Leben
Greis der im Wald gewesen
In einer Grotte gut verborgen
Sah das Unglück am andern Morgen
Fragt Berges Geister warum warum
Jetzt geht als Geist er um
In Gestalt eines Reihers
Der Frösche sucht im Weiher

Burgsee

Zwei Burgen standen vis à vis
Getrennt durch den Fluss Wisahara
Eine Burg galt als friedlich
Die andere gefürchtet war

Wo ein böser Ritter herrschte
Unter dem Stadt und Land verarmt
Und so oft es ihm gelüstet
Sich jedes junge Mädchen nahm

Ein Elf der kam am Fluss heran
Bekam von bösen Taten Kunde
Forderte den Ritter zum Kampf
Bei Untertanen in aller Munde

Am Fuß der Burg traf man sich
Zum fürchterlichen Gottesgericht
Ritter Unhold fand den Tod
In einer Lache von Blut ganz rot

Ein mächtiges Beben begann
Mauern und Türme aus den Fugen
Die Erde Burg und Berg verschlang
An ihrer Stelle ein großer Schlund

Dort entstand ein schöner See
Am Ufer Erlen Eschen und Weiden
Abends sangen dort drei Sirenen
Den Menschen schönste Weisen

Slusia

In Wäldern ritt ein Graf
Ein flinkes Reh
Das er vergeblich jagte
Ein Tier so weiß wie Schnee

Die Nacht brach schnell herein
Der Reiter schlief im Moosbett ein
Erwachend fiel ins Auge Licht
Eine Grotte vor ihm ganz dicht

In ein Becken aus purem Kristall
Drei Brünnlein silbern und klar
Plätschernd ergossen sich hinein
Darin eine Fee wunderschön und rein

S-L-U-S Zeichen auf güldenem Band
Sie trug es in ihrem Haar
Auf den Lippen süßen Gesang
Erschien dem Grafen wunderbar

Die Fee tat ihr Schicksal kund
Das ihr ein Zauberer angetan
Der in einem großen Turme wohnt
Ihre Tochter in ein Reh verwandelt

Eben dieses Reh das er verfolgt
Von Jägers Hand nie sterben sollt
Den Zauberer in Schlaf sie sang
Der Graf ihn mutig überwand

Mit *S-L-U-S* dem Zauberspruch
Der *SIE LIEBE UND SIEGE* hieß
Die Wasserfee am Kopfband trug
Des Zauberers Macht zerriss

Aus drei Quellen benetzte
Das weiße Reh der Graf
Das zuvor durch Wälder hetzte
Stand als schönes Fräulein da

Dem Grafen reichte sie die Hand
Die zwei sich bald vermählten
Und herrschten über Stadt und Land
Fee *Slusia* gab den Segen

Stadt Schleusingen die kleine
Wo drei Flüsse sich vereinen
Wo sich eine stolze Burg erhebt
Darüber *Slusia* ihre Hände legt

Weißer Hirsch vom Auerhahn

Bergleute wohnen hier
Mit ihren Familien
In Manebach bei Ilmenau
Graben nach Silber und Blei

Arbeit im Stollen ist schwer
Noch dazu gefährlich
Löhne viel zu schmal
Ihre Mahlzeiten karg

Bergbau zieht auch Diebe an
Und unbarmherzige Räuber
Rauben was man rauben kann
Töten Männer Kinder Weiber

Ein Knabe flieht in den Wald
Vor Gewalt und Hunger
Schnell hinauf zum Auerhahn
Den weißen Hirsch zu suchen

Er findet den Wunderstein
Der funkelt purpur rot
Komm großer Geist herbei
Hilf uns in der Not

Aus dem Dickicht tritt
Würdevoll der Weiße Hirsch
Im Walde unbestritten
Der Geister Herr und Fürst

Vom Unglück hat er Kunde
der Menschen drunten
Auf dem Rücken den Knaben
Galoppiert er in das Tal

Postiert sich vor der Schar
Apokalyptischer Reiter
Verwandelt sie ohne Gnade
In Felsen Erz und Steine

Blaues Licht am Roten Moor

In dem schönen Rhöngebirge
Findest du das Rote Moor
Jede Nacht zu Geisterstunde
Geht Seltsames vor

Gehst du zum Moor um Mitternacht
Im Fall du fürchtest nichts
Siehst zwischen Nebelschwaden
Seltsam ein blaues Licht

Geh - trau dich näher heran
Einer Nonne wirst du gewahr
Links auf einen Stock gestützt
Die rechte Hand trägt das Licht

Blauer Kristall hell und klar
Die Nonne geht im Kreis herum
Spricht Gebete singt wunderbar
Dann ist die Geisterstunde um

Die Nonne schlägt ein Kreuz
Schreitet eine letzte Runde
Steigt langsam in den Sumpf
und ist bald entschwunden

Drei Schwestern

Drei Schwestern jung und schön
Bei jedem Fest gern gesehen
Jede einer Göttin gleich
An glühenden Verehrern reich

Gisela mit feurigem Haar
Annas Antlitz wie Porzellan
Felia mit der Traumgestalt
Nehmen Jünglingen den Verstand

Wer von den Mädchen träumt
Wird am Ende bas enttäuscht
Wo Anfangs heiße Liebe war
Am Ende nur noch tiefer Hass

Gisela soll das Vieh versorgen
Anna stampft die Butter
Felia mag das Essen kochen
So will es die Mutter

Mädchen bleiben faul im Bett
Weil das bequem und nett
Schwestern fein sich schminken
Draußen schon die Liebsten winken

Frau Holle hiervon hört
Und ist fürchterlich empört
Faule Weiber werd ich lehren
Zu Anstand und Fleiß bekehren

Fährt mit feurigen Pferden vor
Heißt die Dirnen aufzusteigen
Und rast in Windeseile
Zu ihres Reiches Tor

Und beginnt sogleich zu handeln
Der Mädchen Tun und Denken wandeln
Fordern und fördern die Devise
Mädchen lernen sie zu lieben

Tage früh beginnen früh beenden
Zum Zwecke planvoll rühren Hände
Täglich etwas Neues lernen
Blumen und Gemüse säen
Sorgsam alle Beete jäten
Frische Kräuter dankbar ernten
Mit Freude bereiten neue Speisen
Und sonst wie kreativ erweisen
Auch Freude steht im Programm
Lieder singen und drehen im Tanz

Wie lang sie bei Frau Holle waren
Die Schwestern zählten keine Tage
Und waren überglücklich - doch
Das Heimweh kam ganz plötzlich

Frau Holla brachte nach Hause
Die vordem Gänse waren dumm und faul
Gisela Anna Felia gereifte Frauen
Für ihr neues Leben sagen Dank

Drei tote Männer

Drei Männer auf der Walz
Sie waren weit gewandert
Weil sie keine Arbeit fanden
Kampierten sie im Wald

Drei Männer brutal ermordet
Sie fand man früh am Morgen
Bestattet gleich am Wege
Ohne Beistand ohne Grabesrede

Drei Leute sagten zum Geschehen
Einer der einen Elfen gesehen
Anderer von böser Hexe sprach
Der dritte Isolanis Reiter sah

Drei Männer die hier starben
Nicht töteten nicht raubten
Immer nur an Gutes glaubten
Mörder kennen kein Erbarmen

Leben eine Reise

Am Fuß des Berges geboren
als Zwerg aus munterer Quelle
Entstiegen eiskalten Wellen
Für ein Leben am Berg erkoren

Spaß und Freude im Kindergarten
Wir Kleinen könnens nicht erwarten
Das Spiel mit Perlen und Kristallen
Gefällt den Kindern allen

Zur Schule gehen Zwerge
inmitten hoher Berge
Lernen alle Minerale kennen
Und jedes genau benennen

Freude haben in Wald und Flur
Besondere Pflanzen zu sammeln
Die zeigen wo Schätze lagern
Auf und ab in bergiger Natur

Schule geht zu schnell vorbei
Schürfen suchen Schächte täufen
Große Halden toten Gesteins
Mühsam täglich auf zu häufen

Graben picken in Blut und Schweiß
Bergkristall Kobalt Eisen und Blei
Silber Antimon Kupfer und Zinn
Die Ausbeute ist nur gering

Ist ein Bergwerk ausgeschöpft
Weit oben graben neue Stollen
Das Tagewerk schwer und schwerer
Die Lebenskraft bald aufgezehrt

Ein Elf trägt im Arm mich sanft
Bettet behutsam mich im Moos
Unten im Fels das Wasser tost
Am Zwergenbrunnen tritt es aus

Adela und Giselher

Beim Spiel sich Königskinder treffen
Errötend in die Augen sehen
Wollen sich entzweien nimmermehr
Prinzessin Adela und Prinz Giselher

In ihren Schlössern zu Pferd zurück
Verliebte schwelgen im jungen Glück
Voller Neid eine Brockenhexe
Verzaubert und entführt Prinz Giselher

Der Prinz gefangen und im Dämmerschlaf
In Ketten ohne Hilfe hoffnungslos
Für Flucht Befreiung keine Chance
Kummer und Verzweiflung riesengroß

Adela voller Sehnsucht und Trauer
Kann nicht länger hoffen und bangen
Bricht auf ihren Schatz zu suchen
Wird nicht rasten und nicht ruhen

Am Blocksberg trifft sie eine Fee
Die ihr berichtet was geschehen
Ein Elixier rührt sie aus Kräutern an
Das Ketten sprengt und Zauber bannt

Liebe den Zauber kann besiegen
Auf dein Kraft und Kühnheit baue
Fordre die Hexe zum Kampfe auf
Frei zu geben den Geliebten

Die Hexe legt einen Hinterhalt
Eine Täuschung und böse List
Zwischen sieben Steinen zu wählen
Wo jeder gleich den anderen ist

Adela flugs mit Kräutersud benetzt
Jeden der sieben großen Steine
Worauf sieben Prinzen sind erlöst
Alle von der Hexe arg gepeinigt

Die nun unversehrt nach Hause kehren
Zu ihren Familien und den Bräuten
Die vor Leid und Kummer fast vergehen
Und bald Hochzeitsglocken läuten

Giselher und Adela fest umfangen
Ihre Liebe alle Proben hat bestanden
So gefahrvoll es auch gewesen ist
Ihr Schwur wird endlich eingelöst

Chamäleon und Gecko

Im Sand bei praller Sonne
Der Gecko lag sich auszuruhn
Das Chamäleon kam vorbei
In Tränen denn er weinte

Im Antlitz seh ich Sorgen
Bist wohl am Ende krank -
Mein Bruder ist gestorben
Bringe heute ihn ins Grab

Anderntags der Gecko ging
Unter Tränen zum Wald
Das Chamäleon vom Baum fragte
Warum der Gecko weine

Meine Schwester ist gestorben
Das Chamäleon sprach voll Hohn
Du siehst erbärmlich aus
und riechst nach sterben

Darauf gerieten sie in Streit
Worte flogen wie Steine
Ein Sprichwort macht die Runde
Das letzte Messer verwundet

Epigramme

Vergangenheit ist vergangenen
Alle Freude und alle Not
Der Weise nicht befangen
Der Ignorant schweigt sie tot

<<< • >>>

Der größte Feind des Menschen
ist die Dummheit seiner selbst

<<< • >>>

Wo es an Erziehung gebricht
ist Vernunft keine Option

<<< • >>>

Dichter sind die Lehrer der Völker
und jener ist kein Dichter welcher
den Gedanken Gefühlen und der Sprache
der Menschen nichts Gutes beizusteuern vermochte

<<< • >>>

Wer stets das Böse sucht
wird das Gute nicht finden

<<< • >>>

Es gibt böse Menschen und gute
kluge und dumme
angenehme und unangenehme
aber überflüssige Menschen
die gibt es nicht
Jeder Mensch ist bedeutsam
auch du
- nach Ivan Turgenjev -

<<< • >>>

Für seine Lebenserfahrung seine Weisheit
zahlt ein jeder Mensch auf seine
eigene unvergleichliche Weise

<<< • >>>

Boshaftigkeit und Dummheit tragen gleiche Kappen

<<< • >>>

Wo es an Einsicht mangelt
findet Weisheit keinen Raum

<<< • >>>

Eine Demokratie ist nie vollkommen
doch durch dein Wirken wird sie vollkommener

<<< • >>>

Du suchst nach neuen Geschichten
Bei den Menschen wirst du fündig

<<< • >>>

Eindringliche Warnung
Einsichtsfähigkeit kann
zu akuter Erkrankung an Weisheit führen

<<< • >>>

Immer wieder die Kurve zu kriegen
kennzeichnet den notorischen Lügner

<<< • >>>

Brotlos nennt man die Kunst der Dichter
doch sie weist den Weg zu den Menschen
Und deren Liebe machte mich reich

<<< • >>>

Ein Klatschmaul
Die übelste Verbindung
von Bösartigkeit und Dummheit

<<< • >>>

Neide niemals eines Menschen Glück
Bedenke
des Glückes zweites Gesicht ist das Pech

<<< • >>>

Wo mich die Bäume
Vögel und auch Insekten kennen
das ist meine Heimat

Poesie – Empfindung und Geist
in wunderbarer Klarheit vereint

Hass Neid Missgunst und Verachtung
verlegen den eigenen Weg zum Glück
und seelischer Befreiung

<<< • >>>

Freundlichkeit
- eine Wohltat für jedermann
Gewürzt mit einer Prise Humor
ist sie ein Hochgenuss

<<< • >>>

Trauer ist das was unsäglichen Schmerz
zu liebevoller Erinnerung werden lässt

<<< • >>>

Die Muttersprache -
die Sprache deiner Mutter
Achte behüte und pflege sie

Und triffst du einen Fremden
so achte dessen Muttersprache
wie die deinige

Aller guten Dinge sind drei
Einsicht macht Vergebung möglich
guter Wille macht sie wahr
Gemeinsinn schafft das bessere Leben

Wahre Größe erwächst
aus der Bescheidenheit

<<< • >>>

Nichts ist unwert
Das Mutter Natur
zum Leben bestimmt

<<< • >>>

Sonderbar ist die Zeit
Sie schafft viel Vergangenheit
Von Zukunft weiß sie nichts
Und Gegenwart nur ein Blitz

Deine Hände berühmt für Taten
Deine Augen voller Fragen
Dein Mund die Wahrheit spricht
Weisheit öffnet dein Gesicht

Frühs Brennen Schmerz im Hals
Ist meistens kein Katarrh
Am Stammtisch laut gesungen
Viel Schnaps und Bier getrunken
Und die ganze Nacht geschnarcht

Inhaltsverzeichnis